日経文庫
NIKKEI BUNKO

営業力 100本ノック

北澤孝太郎

日本経済新聞出版社

まえがき

本書は、営業部門のあらゆるビジネスパーソンのためのトレーニングの本です。「自分が何をしたいのか」「どんな職場にしたいのか」といった、自分の「思い」の大切さから説き起こし、顧客価値創造やマーケティング活動にまでどうつなげるかを説明します。

100項目の質問について、「自分はどうか」と考えながら読み進めていくスタイルです。自分の関心がある項目を中心に読むこともできますし、1項目ずつじっくり考えたり、グループワークでディスカッションの題材として使うこともできます。

初心者や若手だけでなく、営業リーダーの方々に役立つ項目も盛り込んでいます。皆さんにリーダーの役割と、ものの見方、考え方を早くから身につけてほしいからです。また、本書は、営業知識をイチからインプットするようには書かれておらず、一般的な問題解決力をつけるようにも構成されていません。変化の激しい時代にふさわしく、環境適応力の向上を意識して構成していますます。「環境の変化にどう対応するか」を考える力は、物事の本質は何かを考えることを通じて育まれます。よって、1つひとつの項は問いかけ式の見出しで始まり、「なぜそれが必要なのか」「自分には何ができて、何ができないのか」を考えながら読む形式になっています。さらに各章の終わりにはチェックポイントを一覧にしてまとめており、繰り返し内省できるようにしています。そこで、答えに詰まった箇所や、疑問に思ったことがあれば、ぜひもう一度本編に戻って確かめてください。少々しつこいと思われるかもしれませんが、このようなかたちで内容を深く理解し、共感していただければうれしいです。

現在、私は、東京工業大学大学院で、日本で初めての営業の授業を担当しています。マーケティングや戦略の授業は数多くありますが、営業を正規のカリキュラムに入れたのは東工大が初めてだそうです。いくら技術的にいいものを創っても、営業ができなければ売れませんし、売れなければ収益を生まず、収益を生まなければ、会社として成り立ちません。営業を科学的にとらえ、体系化して論理的に考える力をつけることは、職種や業務の内容を問わず重要なことと私は考えます。

本書は、営業現場の生産性を上げるために私が開発したモデル（北澤モデル）に基づき、幅広いレベルの読者に理解できるように構成したものです。「思い」の大切さを説き、ビジネスが成り立っている構造を考えたうえで、活動をうながします。このモデルについて、より上級者向けの内容を知りたくなった方は、次に拙著『優れた営業リーダーの教科書』を読み進めていただければと思います。

この考え方に理解を示し、執筆の機会を与えていただいた日本経済新聞出版社の平井修一さん、平井さんをご紹介いただいた洛星高校野球部の先輩で、スカイマーク代表取締役会長の佐山展生さんに感謝の意を表しつつ、本編に進んでいきたいと思います。

2017年9月

北澤孝太郎

営業力　100本ノック――【目次】

第2章 【「思い」を強くする】マインドセットが共感を呼ぶ

第3章 【仕事のプロセス】分解して改善点を知る

第7章 【戦略を営業戦術に落とし込む】具体的にやるべきことを明確にする——151

第8章 【人を動かす】メッセージとコミュニケーション 177

第9章 【モチベーションと行動の徹底】実行し、やり続ける

第1章

［営業の心構えと基本］

まずは基本のキから

1 営業とは

営業とは何かと問われたら、何と答えますか

○営業は売る行為だけをいうのではありません

営業というと、どうしても、「売る」という行為だけを連想するかもしれませんが、決してそうではありません。しかも、「売る」という行為を、お客様が望んでもいないのに無理やり押し込むとか、必要以上に汗をかいて人情に訴え、お願いしまくって買ってもらう行為ととらえることは、営業を間違って理解しているといわざるを得ないでしょう。

営業は、そもそも「業」を営むと書き、その会社の「なりわい」、つまりその会社を成り立たせるためにやっている行為すべてをいうのです。商品を作り、それを売り、お金をいただき、次の商品の開発や仕入れに回すことすべてが営業です。

例えば、商品づくりにおいても、製品に値段をつけたり、名前をつけたり、売る場所を決めたり、宣伝の仕方を考えないと、その会社を代表する商品にはなりません。そのためには、お客様が何を望んでいるか、また、どんな気分でいるか、お金を持っているかなど、お客様の状況すべてを理解したうえで作らなければ、せっかく商品化しても、まったく売れないということだって

考えられるでしょう。営業の英訳は、「セル（Sell）」ではなく「ビジネス（Business）」なのです。

○営業の3要素を理解しよう

営業とは、顧客価値創造とマーケティング活動、それと売る（お金をいただく）という活動3つを合わせたものをいいます。顧客価値創造とは、簡単にいいますと、お客様が望んでいるものを作り出すことです。そして、マーケティング活動とは、顧客がそれを知り、買いたいと思っていただくまでの行為です。そして最後に、お客様と対面し、商品を説明し、気持ちよく買っていただき、お金をいただくまでの活動が、売るという行為なのです。営業を極めようと思えば、人間の気持ちや行為すべてに通じていなければなりません。時代背景や世情なども知る必要があります。

その意味では、経済学や経営学だけでなく、歴史学、社会学、心理学、生命工学に至るまで、ありとあらゆる知識を持っていた方がいいということになるでしょう。特に、社会というものを作っている人間が、どんなときにどんな行動をとるのかという社会心理学的な側面は、営業には切っても切れない要素だと考えてください。それほど営業は、奥深く、ダイナミックな仕事なのです。

2 自社とは 自社は何をする会社か答えられますか

○自社が存在する理由を知ろう

自社はいったい何をする会社なのでしょうか。例えば、私のいたリクルートという会社は、当時は情報誌を作る会社でした。ソフトバンクのときは、通信の会社、もしくは携帯電話の会社でした。しかし、本当にそれだけでしょうか。本来、人が何人も集まり、組織となるには、その目的があります。最初はその会社を立ち上げた人の「思い」からスタートするかもしれませんが、組織が大きくなっていくと、その組織に多くの人が集い続けるために、その人たちが共感する目的があるはずです。

リクルートでは、情報で人のやる気や動機を起こし、日本を元気にするという目的でした。ソフトバンクは、情報革命、つまりＩＴを駆使することで世の中を変え、人を幸せにするというのが目的がありました。そういわれると、単なる情報誌を作る会社や、通信会社、携帯電話の会社といわれるよりぐっとイメージが湧きませんか。営業をする人は、会社を背負って営業するのですから、自分の会社のしていることにお客様が共感してくれないと、ものは売れません。お客様が共感してくれる自社の存在する理由、「あり方」を知りましょう。

○自社の存在意義「あり方」や行為に誇りを持とう

自社が存在する理由を知ったら、次にそれに対して誇りが持てるよう、実際にどういうことでお客様や世間、また働いている人が喜んでいるかを知りましょう。つまり、社会にどのようにして貢献しているかということです。経営思想の大家ピーター・ドラッカーは、「利益のために会社があるのではない。社会や個人のニーズに応えるため、社会的な役割を果たすために会社はあるのだ」といいました。皆さんの会社は、どういうことで社会に満足を作り出しているのでしょうか。どんな企業でも、企業が継続しているということは、少なからず満足を作り出しているということです。その内容をできるだけ具体的に知っておきましょう。

リクルートの作る情報誌には、たくさんの情報が整理されて載っており、しかも正確で早く届き嘘がないということで、安心して選べる、世間相場がわかる、次のアクションがとれるということでとても喜ばれました。営業マンである皆さんは、自分たちの仕事がどう社会に貢献しているかを知るべきです。

3 自社の理念は

自社の原点にある「理念」は何でしょうか

○この仲間は何のためにここに集っているのかを知ろう

「企業理念」とは、その会社が存在する目的を言葉にしたものです。私のいたリクルートは、「私たちは、新しい価値の創造を通じ、社会からの期待に応え、一人ひとりが輝く豊かな世界の実現を目指す」（ミッションから抜粋）、ソフトバンクは、「デジタル情報革命を通じて、人々が知恵と知識を共有することを推進し、企業価値の最大化を実現するとともに人類と社会に貢献する」ことが理念でした。日本の企業にはとてもいい企業理念を掲げる会社がたくさんあって、社会への貢献、人間の尊重、技術の革新など、その企業がなすべきことを言葉にしています。

ただ、この「理念」をちゃんと意識し、そして語れる営業マンは、とても少ないと思います。本来、組織とは、ある目的のために人が集うものです。営業は、顧客価値創造やマーケティング活動、また売るという行為すべての中心に位置し、企業目的である顧客の満足を増やすこと、それを通じて顧客を増やしていくことのコンダクターとならねばなりません。つまり、営業は全社チームの中心であり、営業マンはそのリーダーとして動かねばならないということです。リーダーはその組織目的の一番の理解者であるべきです。

◯顧客が共感する世界観は、理念をストーリーで語れたときに生まれる

ソフトバンクにいたとき、孫正義さんは、「この小さなマイクロチップの出現が、産業革命よりもっと大きな波、デジタル情報革命を作り出した。これによってＩｏＴやＡＩが進化し、世の中が便利に、そしてものすごく効率よくなっていく」と力説されておられました。会社の理念をストーリーで語ることで、従業員や顧客とどんな世界観を共有したいかを、わかりやすく説明されていたのだと思います。

高度経済成長やバブルの時代が終わり、世の中の価値はますます多様化しています。そのうえ、情報があふれ、何を信じていいのかよくわからない、言葉巧みに誘われてもすぐには乗れないというのが人々の本音です。そんなときに大事なことは、売るという行為の前に、顧客や企業の仲間とそれぞれの価値観や目指す世界観を共有するということです。これから、あなたが営業マンとして、企業活動のコンダクターにならねばならないのなら、まずもって企業理念をストーリーで語れ、相手の共感を得られなければなりません。売るまでに共感してもらわなければならない人数が多い法人が相手ならなおさらです。

4 自社の特徴

自社の沿革、株主、売上、利益額、社員数や構成がわかりますか

○何かを売ろうと思えば、まず自社を理解し、信用してもらうことが必要

初対面の人を早急に理解しようとしたとき、その人の歩んできた道、現在の職業や生活の具合、また家族構成、その人の得意なものや好きなものをまず聞きたいと思うでしょう。見知らぬ企業は、初対面の人と同じようなものです。自身の会社のことを早急に理解してもらおう、つまり信用してもらおうとするならば、自社の沿革や株主、また売上や利益額、そして社員数など、自分の会社の基本的な項目を即座に答えられるようにインプットしておきましょう。これらは年次決算書や決算書類で調べられます。

皆さんの会社が大手で、すでに世の中によく知られているという場合は別ですが、多くの方は、ある特定の業界や地域ではそこそこ知られていても、業界や地域をまたぐとほとんど知られていない、名前くらいは知っているけれど実態はよく理解されていない企業に所属されていると思います。そんなときに、自社のことをすぐに正確に理解し信用してもらう判断材料になるのが、沿

革、株主、売上、利益額、社員数などです。営業するには、まずもって自分を理解し信用してもらうことが重要です。

○過去と現在を説明できるとさらに信用度は増す

企業の沿革とは、どういう道を企業が経てきたかということです。創業の年とそのときの生業《なりわい》、転換期の出来事とその年号、最も現在を象徴する出来事とその年号とそれからの取り組みなどを説明できると、あなたの会社がどういう会社なのかということがよく理解されます。さらに、そのときどきでがんばってきたことがわかれば、信用度も増すでしょう。株主のことをわかってもらえると、自社がどこの系列か、またどの会社や個人と近いのかわかり、その企業との距離や関連性を理解してもらうことが可能です。売上高や利益、また社員数などは、その会社の現在の活動の大きさを端的に表す指標ですので、取引しても安心なのか、それとも取引するためには何か条件がいるのかなど、相手の心配ごとを減らすことにつながります。個人取引ならともかく、相手が法人ともなれば、発注するという行為は、個人の責任だけでは済まされなくなります。それらを説明することで自社のことを理解してもらい、信用してもらうことは、営業マンの重要な仕事の1つです。

5 自社の売れ筋は

自社の売れ筋商品は何ですか。それはなぜ誕生したのでしょう

○売れ筋商品を説明することで、市場から受け入れられていることを理解してもらう

相手に、自社のことを理解し信用してもらったら、今度は、自社の売れ筋商品を理解してもらいましょう。企業は顧客のニーズに応え、社会に貢献するために存在するといいましたが、自社の売れ筋商品について話すことで、自社が市場に一度でも受け入れられた、そして今現在も受け入れられているという実績を示すことができます。さらにそれがなぜ誕生したのかを語ることで、その実績を作るための努力の過程を理解してもらうことが可能になります。つまり、何も考えないで商品を作ったのではなく、ちゃんと社会に貢献するために、努力を積み重ねてその商品・サービスを作り出してきたのだということを理解してもらえるのです。商品が多岐にわたり、すぐわからないという人は、自社の営業報告書に目を通しましょう。

営業は、チームでやるものですし、相手も組織を信用して取引します。そのチームが創り出したものが売れ筋です。自社の売れ筋商品は何ですかと問われたら、即座に、この商品が一番売れ

ており、これはこんな顧客のこんなニーズに応えるために、このようにして創られたのです、と答えましょう。

○誕生のストーリーが究極の共感を呼ぶ

顧客に、自社が何者でどんなことをする会社なのかを理解してもらうことが、営業マンの「基本のキ」だと述べてきました。誰でも取引を始める前、つまり関係性を作る前には、その相手のことを警戒するのが当たり前だからです。そして、さらにその関係性を前向きなものにするために、売れ筋商品を理解してもらうともいいました。さらにもう1つ、その商品・サービスがどのような過程を経て誕生したか、そのストーリーを語れるようになりましょう。その商品を望んだ、また受け入れた市場のニーズとは、そもそも人間のどんな思いなのか、そしてその商品の開発者やその会社は、それを創るために、どのような壁を越えてきたかを語るのです。その思いがその顧客にも当てはまるものなら、あたかも自分がその商品・サービスを待ち望んでいたかのように思うでしょう。これこそが共感であり、ファンづくりなのです。近年のウイスキーブームは、あるドラマの主人公たちの悪戦苦闘の連続の話がきっかけになりました。多くの共感がなければ、このような急速で見事なウイスキーの復活はなかったでしょう。

6 顧客はどこ 自社のメインクライアントはどこかいえますか

○今、最も支持されている顧客を知ることで顧客スタンスを保つ

あなたの会社の営業が法人営業なら、自社の商品やサービスを最も利用している会社はどこかということです。もし、個人向けにビジネスをしているなら、どんな種類の人が最も商品やサービスを利用しているかということになります。男性なのか女性なのか、年齢は、職業は、それからどの地域にお住まいの方かなど、ある程度分類できると思います。その意味では、法人でも業界や地域で括られることもあるでしょう。

営業という仕事は、常に顧客スタンスに立って、顧客のニーズを探り、自社の商品やサービスを創造する、もしくは、ぴったりくるように微調整を繰り返すコンダクターになることでした。だからこそ、常に心がけないといけないのは、この顧客ニーズを深く洞察するということ、つまり顧客スタンスに立って物事を考えるということです。それには、どんな顧客が今一番その商品やサービスを利用してくれているかを気にかける、知るということが最も近道です。顧客の状況は、日々の状況の変化により、微妙に変化します。ほとんど変わらないという企業でも、そのシ

ェアや発注量は微妙に変化していくものです。

○顧客の変化はニーズの変化

もし、メインクライアントの状況、例えばシェアや発注量が微妙にでも変わってくると、ニーズそのものが変化してきたのではないかと考えます。例えば、買ってくれている企業が若者を扱っているところに偏ってきたとか、個人向けであれば、買ってくれている人自体の性差がなくなったとか、自社が今まで獲得していたカテゴリーが違う方向にずれてきたということを感じ取らなければなりません。そしてそのとき、確認すべきは次の2点です。

ずれた方の市場では、自社商品・サービスの何が喜ばれているかということと、もう1つは、今までの市場は、そこを他の何が埋めようとしているのかという点です。ずれた方の市場で、自社商品・サービスのよさが、まだ他社に比べて決定的なものでなく追いつけると判断できれば、急いで自社も受け入れられるようにしなければなりません。また今までの市場で、自社商品・サービスに取って代わろうとするものがあるなら、対抗処置を講じて状況は回復するのか、それともすでに圧倒的な差をつけられ撤退するしかないのかを判断しなければなりません。このように、営業は顧客の状況の変化によって、市場の変化を読んでいきます。

7 顧客の増やし方 自社の顧客はどのように増えてきたのでしょう

○自社の営業のベストプラクティスを要素に分解して知ろう

あなたの会社の顧客は、どのような経緯で増えてきたのでしょう。テレビコマーシャルで認知度を上げ、その後で流通に営業するというパターンでしょうか。それとも営業マンが1社1社会社を直接訪問して成果を積み上げてきたのでしょうか。営業マンであるあなたは、自分の会社の顧客の増やし方に関心を寄せ、その中のベストな方法（ベストプラクティス）を認識する必要があります。そして、そのベストな方法を構成している要素は何なのかしっかり分析するのです。

営業の流れとしては、販売単価の高いものなら、きっと営業マンが個別訪問を繰り返して顧客を説得したか、顧客を安心させたに違いありません。販売単価の比較的安いものなら、商品やサービスの認知段階で、他の商品との違いを認識させたり、今までの利用経験などを思い出させたりして、顧客が自ら買うように仕向けていったことでしょう。

その流れの中で、どうすれば最も顧客の食いつきがよいのか、ものが売れるのかを、要素を分解して理解するようにしましょう。その理解が適切だと、あなたの努力の方向性が決まります。

何にがんばればよいかが理解できるようになります。

○要素に分解したら、キーファクターを自分のものにしよう

まず、プレゼンテーションが巧みな人が売れている、顧客とのリレーションがよい人が売れている、社内で立ち回りがうまくいい顧客条件を引き出した人が売れているなど、どんな人が売れているのかをできるだけ観察します。次に、その人がなぜそこに力を入れているのかを聞きだすようにしましょう。そうすればきっと、商品やサービスの特徴と顧客の特徴から、なぜそうしているのかがわかります。これからという商品やサービスは、巧みなプレゼンテーションが欠かせませんし、ある程度知られている商品ならリレーションが決め手となります。もうそろそろ市場が成熟してきたと思えるものは、取引条件で差をつけないと売れないかもしれません。もしプレゼンテーションが決め手ということであれば、きっとベストパフォーマーたるその人は、他人に差をつけるプレゼンテーションの方法を会得していることでしょう。あなたが、自社の商品やサービスを営業して普通以上の成果を出そうと思ったら、ベストパフォーマーたらしめている要素を身につけるようにしましょう。

8 顧客の気持ち お客様は何を望んでいるか知っていますか

○お客様の深層心理は意外と別のところにある

商品やサービスが売れているからといって、その商品やサービス自体が喜ばれていると考えるのは早計です。お客様は、市場にそれしかないので仕方なく買っているということもありますし、商品やサービス以外のもの、例えば営業マンや販売員の接客や人間関係、デリバリーのスピードやブランドに約束された安心感など、その商品やサービスを購入する理由はさまざまなところにあります。また、あなたがメーカーの営業マンだった場合には、販売店がその商品・サービスを他の商品やサービスより積極的に扱ってくれているから、顧客との関係性がいいからという理由だって考えられます。

このように、お客様が購入に至る深層心理は、いろいろなところに存在するのです。売れているときにこそ、その商品やサービスがなぜ売れているのかをよく見ることが必要です。売れなくなってからでは、営業戦略の打ち手が後手後手に回ったり、商品・サービスの特徴を変更するにはすでに手遅れ状態に陥りがちです。商品やサービスを取り巻く環境は、常に変化します。それに伴って、売れている理由も、どんどん変化してしまうことを肝に銘じましょう。

○喜ばれている理由を変えず、喜ばれていないところは思い切って切り捨てる

会社が、商品やサービスを革新しようとしているとき、顧客が喜んでくれている理由が保てない変革ならば、あなたが一営業マンであったとしても、勇気を出して思い切って反対すべきです。逆に、喜ばれていないところが社内事情や流通の事情のために、まだ残っているようなら、これも思い切って変更することを提案してください。また、自社は何をする会社なのか、その理念に合わない商品やサービスも思い切ってやめることも大切です。そんなものを扱っていても、雨の日も風の日も、皆さんが誇りを持って、足しげく顧客に通い、強く説得することなどできないでしょう。

売るための工夫も続きません。「誰に何を買ってもらいたいのか、そしてどう喜んでもらいたいのか」、これを考え続けることこそが営業マンの仕事です。言い換えると、我々は何者で、お客様は誰で、どんな気持ちでいて、何をすれば喜んでくれるのかを問い続けることです。これこそが営業マンとして最も大事なことと思ってください。「我々は何者で、お客様は誰で、何をすれば喜んでくれるのかを考え続ける」です。

9 問題と課題 問題と課題の違いがわかりますか

○あなたが解決しなければならないと焦っているのは問題？　課題？

目の前の解決を迫られているトラブルは、問題ですか、それとも課題ですか。人生の目標に対して、ある時点で到達すべきは、問題ですか、それとも課題でしょうか。すでにみんなが知っていて、すぐにでも解決を迫られているものは問題、まだ問題にはなっていないけれど、これから自らの意思を込めて、問題としていきたいと掲げるものが課題となります。営業の世界では、この課題を何に設定するかとその解決方法が、その後の成果や、その人の成長に大きく影響を及ぼします。

課題にも緊急課題と重要課題の2つが存在します。緊急課題ばかりに取り組む人は、目先の成果や成長は獲得できますが、長い目で見たときの成果や成長は期待できません。逆に重要課題ばかり取り組む人は、目先の成果や成長がなおざりになり、結局何もできず終わってしまうことになりがちです。要するにバランスよく課題を設定していくことが重要です。また、その解決策も、対症療法的なものにするか、抜本的なものにするか、これもバランスが必要です。対症療法的なものばかりを掲げると、すぐに効果を発揮しますが、やがて状況はさらに悪化することもあると考えるべきです。

○課題設定能力をみがこう

野球のイチロー選手は、最も遠くへ行く方法は、目先の課題を１つずつクリアすること、それを積み重ねることだといっています。あなたが、あなたの人生の目標をしっかり設定し、それに向かってのマイルストーンをバランスよくしっかりクリアしていくことが、最も目標達成に近づける方法でしょう。私も同感です。だからこそ、何に取り組むのかを決めることが大事です。それには、問題解決の手法であるＫＴ（ケプナー・トリゴー）法が役に立ちます。

現状を分析（いま自分はどういう状態なのか）し、その原因分析（なぜその状態に陥ったのか）をしたうえで、打ち手の分析（どういう方法をとるべきか選択肢を考える）を吟味します。そして将来予測（この選択肢をとるとこうなるという予測）をしながら、打ち手が対症療法的すぎないか、抜本的すぎないかを考えて答えを出していきます。打ち手が抜本的すぎても、そこに到達するまでに、事態が取り返しのつかないほど悪くなるということも考えなければなりません。

10 情報を知識に 情報を知識にどう変えますか

○これからの社会では何が大事なのか

世の中はすでに、情報社会から知識社会に変化しているといわれます。高度経済成長やバブル時代のように、世の中が、より物質的に豊かになるという共通の目標がなくなり、物質の豊かさよりも、人それぞれの価値観が重視される多様な時代になったからです。みんなが同じ方向に向かっているときは、その方向へ向かうための正解がありました。答えが1つだったわけです。だからこそ、その答えを導き出す情報の多さが大事だったのです。

ところが、多様な時代になると正解は1つではありません。正解が1つでないということは、それぞれの状況に合わせたその場での判断が大事になります。その判断を支えるものが知識です。知識というのは、自分自身で情報を消化して、「こういうときはこうする」という自らが行動できる判断基準のようなものに変えたものをいいます。ですから、情報はみな共通ですが、知識は個人独自のものなのです。これからの社会は、情報よりもこの知識をいっぱい持っていることが必要になります。では、この知識はどのようにして創られるのでしょう。それには、それぞれの内省習慣がキーポイントになります。

○内省習慣こそが知識を創る

内省習慣とは、出来事を振り返る習慣です。出来事が起こったときに、いったい何が起こったのかを検証し、次からこうしていこうと計画を立てることです。営業という仕事は、お客様にいろいろ気を遣い、移動が多いので体力を使い、上司に報連相を繰り返さなければなりません。提案書づくりは集中力もいります。はっきりいって疲れます。ということもあり仕事が終わると、今日1日のご褒美ということで飲みに行くかとなりがちです。仲間と飲みに行かなくても、ひとりご褒美を設定し、缶ビール片手にスポーツニュースやバラエティ番組をだらだらとみてしまうというような日常を過ごしていませんか。これでは、新しい知識を創り出すことはできません。武器なしで、また新しい1日を迎えることになってしまいます。

もし、戦う武器、つまり知識を自分のものにしたければ、たとえ10分でも今日起こった出来事を振り返り、明日の計画を立てる習慣をつけましょう。今まで内省したことがないという人には、朝一番の仕事を、昨日の出来事を思い出すことに変えることをおすすめします。

11 知識を増やす

知識の増やし方を知っていますか

○内省をうながし、知識を増やす仕組みとは

次頁の図を見てください。知識には、言葉になっていないが体の中にある暗黙知と、それを言葉や概念化した形式知の2つがあります。人は、何かいろいろ行動することで、体内にまず言葉になってない知識（暗黙知）を創ります。そして自分の頭の中でつなげます。これが共同化です。そして、次にそれを思い切って言葉にし（表出化）、形（形式知）にすることで、他の知識とつなげ（連結化）やすくします。人からアドバイスをもらいやすくするのです。さらにそのつなげたものを振り返り（内省）、次の行動をうながすための計画を練ります（内面化）。そして、その計画にしたがってまた行動するのです。このプロセスを回すことで、知識はどんどん増殖され、深まっていきます。

○営業マンの武器は何？

このように、暗黙知と形式知を交互に変換することで自分の知識を深く確かなものにしていき

仕事で知識を増やすプロセス

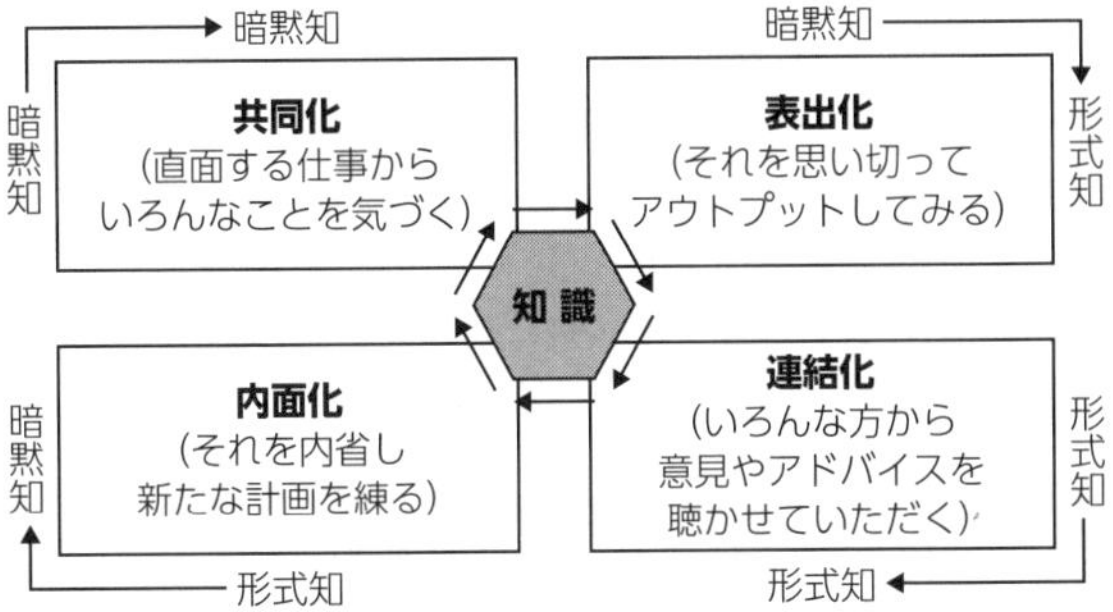

ます。ですから、知識を増殖しようと思ったら、自分で行動したことを言葉にする(概念化)する力をつけることと、実践したものを必ず内省する習慣が必要です。この2つの習慣を是非身につけましょう。多様な時代における営業マンの最大の武器は、その状況、状況に合わせた営業知識です。正解が1つでないので、自分自身で、「こういうときは、こうする」という営業知識をたくさん持たねばなりません。よく「引き出しの多さが営業の出来栄えを分ける」といいますが、それは、まさにこの営業知識が多いかどうか、それがそれぞれみがかれているかどうかということです。わからないことや知らないことがあっても、自分の知識とすぐに連結化して、自分で動けるように内面化(内省)して、新たな自分の知識として、またこのプロセスを動かすことで、自分自身の確かな知識としていきましょう。営業マンの最大の武器は、「みがき抜かれた営業知識」と心得るべきです。

チェックポイント

あなたの言葉で、言語化(概念化)してみましょう。それを、もう一度本文を読みながら内省しましょう。そうすることで、力がつきます。もう一段、実力が上がります。

☑あなたにとって営業とは何ですか

☑あなたの所属する会社は、どんな会社ですか

☑あなたの会社の経営理念をストーリーで語れますか

☑あなたの会社の沿革で大事なところ、株主構成、売上、利益額、社員数をすらすら答えられますか

☑あなたの会社の売れ筋商品とその誕生ストーリーを語ってください

☑あなたの会社のメインクライアントはどこですか。なぜそこになったのでしょうか

☑あなたの会社は、どのような営業展開で顧客を増やしてきたのでしょうか

☑あなたの会社の商品は、顧客にどこが喜ばれているか答えられますか

☑あなたの今の営業上の課題は何ですか。問題はありますか

☑あなたは営業知識を、どのようにして増やしていますか。その手順はどのようなものですか

☑あなたの営業上の一番の武器は何でしょうか

第2章

[「思い」を強くする]

マインドセットが共感を呼ぶ

12 将来の夢 あなたの将来の夢を人に説明できますか

○営業にとって最も大事なものは何ですか

営業にとって最も大事なものは、自分が営業を通じて世の中をどうしたいかという「思い」です。これは営業知識にも優先します。なぜなら、営業知識の習得もその「思い」がモチベーションになるからです。まず、あなたは何者か、何がしたいのか、そのために何をしているのかを人に語れるようになりましょう。

世の中に物がなく、みんなが物質的に満足していない時代なら、いいものを作れば売れました。ところが世の中が豊かになり、物があふれるようになると、いいものを作っても、そこに共感がなければ売れません。「おお、これは確かにいいものだ」「そんな目的があったのか」「私もそう思う」「そんなにがんばってるなら応援するよ」など、商品やサービス、またそこに関わっている人に対する共感があって初めて人は、財布の紐、つまり自分の稼いだお金をつぎ込もうとするのです。

もしあなたが営業マンとなったなら、あなたが将来、何になりたいのか、何をしたいのか、それが社会的にどう貢献しそうなのかを説明する必要があります。営業マンは少なくとも、自分からの働きかけで人を動かす仕事です。まず自分から「思い」を明らかにしましょう。

○「思い」を言葉にする大切さを知ろう

「思い」の重要性を理解したら、それを言葉にする練習をしましょう。自分の意図を短時間で的確に伝えたいと思えば言葉にすることが重要です。

「やりたいことといってもまだありません」「まだ自分ではやりたいものがよくわかりません」という人がいます。遠い将来のことなんかわからないよ、まだいろいろな可能性もあるのに決められないよと思うのもよくわかります。

それなら、「せっかく営業になったので、いろいろな人とコミュニケーションして、少しでも人の役に立ちたいです」とか「ライバルもがんばっているので、負けないようにしたいです」とか、近い将来のことに置き換えることはできませんか。それでもいいのです。相手は、あなたの意志を聞きたいのです。自分の稼いだお金を出すわけですから、たとえそれが少しだとしても、意志を持ってない相手には出しにくい。つまり、少しでも責任をとる気持ちを見せてほしいという気持ちでいます。あなたの意志さえ伝われば合格です。

13 仕事への思い　あなたにとって仕事とは何でしょう

○日々の行動に目的意識を持とう

ほとんどの人が、1日の中で、仕事に関わっている時間が最も長くなります。だからこそ、この問いに対する答えが、ほとんどの場合、その人の今の活動のスタンスをよく表しています。「仕事は生きていくための手段であるお金を稼ぐためのものです」と答えた人は、目の前のことをこなすのに精一杯で、他のことが考えられないという状況ではないでしょうか。「自分を成長させてくれるもの」というような趣旨が加われば、少しゆとりができ、好奇心が出てきている状態でしょう。いろいろなことを経験して、何が一番幸せなのかを理解している人は、「人生一番の暇つぶしです」と達観したことをいうかもしれません。暇の苦しさや忙しいことが幸せだとわかっているからでしょう。

ここで問いたいのは目的意識です。営業は目的意識が必要な仕事です。何のためにこの一手を打つのかを見失うと行動が鈍ります。鈍い行動では、お客様を動かすことはできません。お客様を説得して、なるほどそうだ、ではいただこうかなというところまで持っていくことは不可能でしょう。仕事とは、と問われたら、はっきりと答えられるように、日々の行動1つひとつに目的を持ちましょう。

○目的意識は自身のモチベーション維持につながる

何のためにそれをやっているのかを理解することは、自分のモチベーションを維持するのにも大いに役立ちます。旅人が街を歩いていて、煉瓦を積んでいる職人3人にその理由を尋ねるという有名な寓話があります。1人目は、「煉瓦を積み上げるのが仕事なんだよ」とぶっきらぼうに答えます。次の人は、「煉瓦を積み上げて壁を作っているのさ」と淡々と答えました。最後の人は、「煉瓦を積み上げてみんなが通う教会を作っているのさ」と目を輝かせて答えました。見た目は同じことをしていても、それぞれの仕事に対する目的や意味合いが変わってくると、その成果に微妙に影響を及ぼすということです。あなたが、もし、その煉瓦を積み上げる仕事の依頼主だとしたら、どの職人に発注したいと思うでしょうか。

営業は相手のある仕事です。相手が不機嫌なときもありますし、むげに断られることだってしばしばです。どんなときでも、前向きに仕事に取り組むことができるかどうかは、この目的意識を持ち続けることができるかどうかにかかっています。

14 人生を語る あなたにとって人生の意味は何でしょう

○「○○観」が、いい出会いにつながる

若い方にとって人生の意味は、まだはっきりとはわからないかもしれません。しかし、常に心の中で、何のために生きているか、自分は何者なのかを問い続けるのは大事なことです。「○○観」という心の中の問いかけは、いい出会いを生みます。「人生はこうあるべきだ」「仕事とはどうあるべきだ」「理想の職場とは」「理想の友人関係とは」「人材とは」「我が社はこうあるべきだ」など、人生観、仕事観、職場観、友人観、人材観、会社観など、心の中にこうあるべきという問いかけと自分なりの意見があって初めて、その意見を超えるものに出合えたとき、「そうだ。私のいいたかったこと、私がやるべきこと、私が思うべきことはこういうことだったのだ」と目から鱗が落ちるような感動を覚えます。

もし、その問いかけや意見がないと、どんないい本に出合っていても、また自分の人生にもしかしたら大きな意味を持つかもしれない人と出会っていても、ただの通りすがりの本や人としか感じないでしょう。営業は、いろいろな人と出会う職業です。いろいろな人の考え方に触れ、大

いに触発され、自身の人生に大きな影響を及ぼす出会いが転がっている仕事なのです。

○「思い」の強さは意志の強さ

また、人は1人では生きていません。自分が何かをすることで、人に影響を及ぼしながら生きています。ということは、人生の意味を考えることは、自分が何かをすることで、どんな人にどんな影響を及ぼしたいかを考えるということです。それは、よく自分の墓石に何と彫ってもらいたいかを考えることにたとえられます。あなたの墓標は、「世界を制し、人々を幸せに導いた男」ここに眠るでしょうか。「家族を愛し、愛にあふれる人生を送った人」「災害復興に一生を捧げた人」「芸術のために生き、常に人々に感動を与え続けた女」など、自分の人生を最後にどう評されたいかを考えると、人生の目的がだんだんはっきりとしてきます。

人は、仕事も、家族も、学びも、遊びもこの目的のためにがんばるのです。ですから、この「思い」が強い人ほど、仕事に対してがんばれることになります。あなたがもし、営業で成果を出したいと望むなら、いろいろなことを覚える前に、この「思い」を明らかにし、そしてそれを強く持つことをおすすめします。意志の強さはここから生まれます。

15 他人の思い トップや上司の「思い」を知っていますか

○「思い」は統合できることを知ろう

自分の「思い」を自社の営業活動に体現しようと思えば、自社のトップや上司の「思い」を知っておくことは大事なことです。組織に属し、チームで行動する限り、トップや上司の「思い」を無視して仕事をすることはできません。例えば、トップの「思い」が「会社を世界一の通信会社にすることで、世の中をより便利にして、みんなを幸せにしたい」ということだったとします。自身の「思い」が「営業を通じてできる限り成長したい」ということであるなら、トップに共感できる部分を統合して、「通信の営業を通じて、会社を世界一にする過程で、自己の成長と人々の幸せの両方をかなえたい」と、営業に対する「思い」にすることができるかもしれません。また、上司が「目標達成をし続けて、我が社でナンバーワンになりたい」という「思い」があるとしたら、自身はそこまで思えなくても、「志を高く持って、自己の成長を考えたい」と一体感を持つために統合すればいいのです。トップの「思い」は直接聞くことが困難であっても、ホームページを見たり、期初の挨拶などを聴けば何となくわかりますし、上司なら同行営業の道中にでも思い切って聞いてみましょう。

○「思い」を統合するには、その交換から始めよう

チームで仕事をするときは、このお互いの「思い」を知っておきましょう。「思い」を知るには、それを交換する時間や場を作ることが必要です。そして、チームの「思い」として統合できれば、大きな力となります。チームの意志、つまりチームのがんばりは、この統合された「思い」から発揮されます。

ただ、人と「思い」を交換するときは、まずその意思がある方から「思い」を話さなければなりません。こちらから、自ら「思い」を発信して初めて相手も「そうだったのか、実は僕もそう思っていたんだ」「そう思っているのか。僕はこう思っているんだけど、君の思いはどういうことかもう少し聞かせてくれ」などと自分の「思い」を返してきます。そのうえで、統合できる、つまり共感できる部分はどこなのかを考え、共通の「思い」とするのです。少し難しいですがそれには「抽象度」を上げるという技術を使います。「跳ぶ」「走る」「投げる」の抽象度を1つ上げると「運動する」です。それぞれのやりたいことはバラバラでも、1つ抽象度を上げると共通の部分が見えてきます。

16 成長の仕方 人はどうやって成長するか知っていますか

○成長しようと思ったら機会を得て結果を出すこと

あなたが今まで最も成長したのはどんなときだったでしょうか。自分の実力よりも少し上の目標を与えられて、それを超える努力をし、まがりなりにも達成した瞬間ではなかったでしょうか。もちろん、失敗からも多くを学ぶことは可能ですが、それはあくまで最後に成功があって初めて学ぶことができたということができます。失敗を続けている途中でやめてしまえば、残るのは敗北感だけです。つまり成長は、がんばって結果を出した瞬間に一番実感できます。あわせて、その目標が自分の実力より少し上ぐらいのものでなければなりません。上すぎても到達しませんし、実力以下では努力をしないでしょう。

つまり、成長とは、「機会×結果」という方程式のうえに成り立っています。上司から見れば、部下に実力よりも少し上の機会を与え、それに到達できるように指導するということになりますし、本人から見れば、自らそのような機会を得て、何とか努力して結果を出すということになります。自分が成長したいと思ったならば、楽な道を選ばず、現在の実力より少し上の目標や役割、ポジションを得て、必ず結果を出すことです。

○結果は自分だけで出そうと思わない

結果を出すときに大事なことは、決して自分だけでやろうとしないことです。簡単にいうと、助けてもらえるところは大いに助けてもらい、真似をすればよいところは大いに真似をすべきです。人は得てして大事なところは人に相談すると力がつかないと思いがちです。しかし、あなたは答えのないもの、自分の実力より高いものに挑戦しているのです。そのうえ、ほしいものは結果です。過程はすべてすっ飛ばしても結果が出るのであれば結果を出してください。

そして、大事なことはここからです。その結果がなぜ出たのかを丁寧に振り返り、その道筋こそ自分のものにすべきです。そして、また同じような機会を求めてください。今度は自分だけでできるはずです。そういうようにして結果を出すことを繰り返していても、いつかは、人に聞いても、どんな人の真似をしても、解決できそうにもない問題に直面します。そういうときこそ、自分で考え、悩み、思い切ってやってみてください。それが、自分の壁であり、修羅場ということになります。この修羅場の多さが、さらに成長をうながします。

17 高い目標を掲げる

あなたのブレークスルーは何でしょう

○修羅場経験があなたを飛躍させる

人の助けも借りれない、真似をする人もいない、しかし結果を出さなければ前に進めない状態を修羅場といいます。あなたはそんな経験を何回したことがあるでしょうか。自分の実力よりも少し高い目標を求めたり、不意に与えられたりしていると必ずこのような場面に出くわします。逃げたくても逃げることができない状況に追い込まれているわけですから、過去に経験をしたことがない過酷な状況といえるでしょう。しかし、こういうときこそ、自分を見つめ直すチャンスです。自分はいったい何をしたかったのか、何ができるのか、そして何をやるべきなのかがよく見えてきます。そして、状況を打破するには、それらすべてのことに気を配りながら、自分を信じて行動するしかありません。そうしていると、100%うまくいったとはいえないまでも、何らかの着地点にたどり着きます。その着地点は、それがたとえ60%しかうまくいかなかったとしても、あなたが予想したまったくできなかった0%よりは、かなりうまくいった状態といえるでしょう。この自信こそがあなたのブレークスルー、そう、飛躍した瞬間なのです。修羅場を乗り越えた人は一皮むける、とよくいわれるのはそのせいです。

○「思い」を深くした人は、強くなれる

やっていただきたいのは、なぜこの修羅場を乗り越えられたのかを考えることです。多くの人は、自分の過去の経験からくる自分の直観を使って判断したに違いありません。だからこそ、少し考えると、その直観を引き出せたのは過去にこんな経験をしたからだということに気づくでしょう。そうすると、多くを経験することは有意義なことだと気づき、何か今までに経験したことがない機会に直面したときは、できるだけそれをやってみようと思います。それと同時に、１つひとつの経験を大切にするようになるはずです。そして、その経験１つひとつが、自分の「思い」を実現することに役立っていることがよくわかり、改めて自分の「思い」の大切さを考えます。

そうです。修羅場経験は、自分の「思い」を再発見し、それを深めることに大いに役立ちます。だから、強くなれるのです。「思い」のある人は、修羅場を経験しています。そして強い。あなたが、もし飛躍したいと思うのなら、自分の実力より少し高い目標を掲げ、そんな機会が多く訪れるように働きかけるべきです。

18 習慣に働きかける

あなたがとりあえずやってしまっていることは何ですか

○あなたはなぜ変われないのでしょう

人は、変化や未知なものを避けて、現状を維持したくなります。変化や未知なものをつかんだ方が、利益があるとわかっていてもです。それは、人は利益から得る満足度より、同じだけの損失からくる苦しみの方が大きいと判断してしまう傾向があるからです。これを現状維持バイアス（先入観）といいます。現状を変えることによって「何かをなくすかもしれない」という不安が、「きっとこれを得られるだろう」という期待を上回ってしまうのです。

自分には、強い「思い」があるのに、やっていることといえば、それに到底到達できないことを繰り返しているというのはよくあることです。もしあなたが自分を変えたいと思うならば、あなたの習慣に働きかけてください。習慣に働きかけない限り、たとえあなたが思い切って何か行動したとしても、いま述べたようなバイアスがかかり、すぐにもとに戻ってしまいます。変化が期待できる状態を維持するためには、その行動をあなたの当たり前に変える必要があります。朝

8時に起きていた人が、朝6時に起きようと決心したならば、朝6時に起きるのが自分の当たり前になるまでやり続けるしかありません。

○自分を変えるとはどういうことかわかりますか

よく、「意識は行動を作り、行動は習慣を作る」「習慣は人格を作り、人格は運命を作る」といわれます。この中で最も意識すべきは習慣です。習慣になるまでがんばれば、それが自ずとその人の人格になり、それが運命を作っていくからです。自分の「思い」を実現する習慣を身につけましょう。卓越した営業マンになりたいという「思い」を持ったならば、卓越した営業マンはどんな習慣を持っているかということに注目してください。

口臭が気になるので、毎食後に歯をみがく。身だしなみが気になるので、髪型を含めて毎朝全身が映る鏡でチェックする。鞄の中身もチェックする。商談した人にはお礼メールを出す。その日中に宿題のめどをつける。メモは必ず整理をする。本を読んだら、大事なことをまとめる。今日1日の出来事を振り返り、明くる日の計画を立てる。など、一流になりたければ、一流の人がやっていることを自分の習慣にするのが一番近道です。そうすればだんだんと自分も一流の人格になり、運命も開けていきます。

19 悪習を断ち切る

「つながり」と「しがらみ」の違いがわかりますか

○「しがらみ」を断ち切って高みを目指す

人との関わりの中で、自分がお願いすれば相手が何とかしようとしてくれる関係のことを「つながり」といいます。逆に、その相手からお願いされるとどうしてもそうせざるを得ない関係を「しがらみ」といいます。

人間は生まれてからしばらくは、ほとんどがつながりの世界で生きていくことができます。両親や親戚、先生や新しくできた友人も、みんなあなたのために何とかしてやろうと思うでしょう。ところが、結婚して、子供ができ、会社での責任も増えていくと、そう自分の勝手だけで生きていけません。意思に反してどうしてもせざるを得ないことも増えていきます。これがしがらみです。会社も、設立され数年が経つと、最近パフォーマンスの悪い仕入れ先や、文句の多い顧客など、こちらから縁を切りたいのはやまやまですが、今までのつき合いを考えると急にそうもいかない関係が多くなります。そうなると新しいことをなかなか始められません。

このように、新しい習慣を身につけたい、そうしないと変われないのがわかっていても、どうしても今までのしがらみを断ち切れない状況にあなたは置かれていませんか。そうなれば、なかなか「思い」は実現できません。

○しがらみはつながりに変えておく

「思い」を実現するためには、そのしがらみを断ち切って、思い切って高みを目指す必要があります。急にバシッと関係を変えることはできませんので、きちんと説得したり、時間をかけて関係を変える必要があります。それこそ強い意志が必要になります。自分のやりたいことを実現するためには、どうしても英語を勉強しないといけないとしたら、その費用や勉強する時間、それに伴う役割の変更などを、家族に理解してもらわねばなりません。また、会社で新しい役割を担いたい場合も同じです。関係者に事情を説明し、こういうことが必要なのでどうしてもやりたいということを組織的にも認めてもらうことが必要でしょう。

その「思い」をどうしてもなしとげたいという意志こそが、あなたのやりたいことを実現に近づけてくれます。だからこそ、普段からつながりとしがらみを意識し、できうる限りしがらみになりそうな関係をつながりに変えていく努力が必要になります。自分から働きかけなければなりません。

20 葛藤を決断する

偉くなるということはどういうことか知っていますか

○葛藤を決断するのは上司の責任を果たすことだ

組織の中で「思い」を実現していこうと思えば、あちらを立てればこちらが立たないという葛藤が必ず起こります。先を見れば重要だが、当面の業務に追われて時間がとれない（長期と短期の葛藤）。自分の仕事としてはやりたいが、全体から見てバランスを欠く、逆に全体から見れば必要かもしれないが、自分には不都合極まりない（全体と部分の葛藤）。上司の意見・判断と自分の意見が対立する。自分の意見と仲間の意見が対立する。自分の部署の利害・都合と他部署の利害・都合が対立する（役割と役割の葛藤）。コストダウンしようとすると営業の打ち手が狭まる（コストと価値の葛藤）。これらは、やり方がまずいと後にわだかまりが残ることになります。

しかし、皆さんががんばって組織を束ねるリーダーという立場になれば、どちらか一方だけを推進することは、もはやできにくくなるでしょう。しっかりバランスをとりながら、決断していかねばなりません。実は、上司の仕事というのは、この葛藤を決断し、組織をいい方向に持っていくことにほかなりません。偉くなればなるほど、より大きな葛藤が目の前にやってきて、それを決断することが求められます。

○決断する力は目的から離れないことで身につけよう

ですから、社長になれば会社の中で一番大きな葛藤を決断していく役割を担います。利益の追求と社員の幸せなどは考え方次第で、とても葛藤する材料でしょう。偉くなるということは、その役割の葛藤を決断する責任を果たすということなのです。しかも、それぞれの「思い」が強ければ強いほど、つまり現場の力が強ければ強いほど、その葛藤は大きくなります。何が何でも目標を達成したいとか、どうしても品質を守りたいなどの「思い」が強いと、妥協することはその勢いや強さを弱めかねないと判断するからです。

組織の推進力を強くしていきたいと思えば、この対立する葛藤を上手に決断する力をつけなければなりません。それにはまず、何のために決断するのか考えるくせをつけることです。目的から離れてしまうと事態を収拾することは困難になります。「今は個別よりも全体のことを考えるべき状況なのでこちらを優先する」「今は組織に勢いをつけるべきときなのでコストをかけるんだ」など、どうしてもやるべき目的を強く意識し、粘り強く説得していきましょう。

21 ギャップを埋める

あなたはクリエイティブな人間ですか、それとも……

○クリエイティブな緊張は不安な感情で壊れてしまう

組織の中で「思い」を実現していこうとすると、目標やあるべき姿と現状との間に差が生じます。「思い」が強ければ強いほど、その差は大きくなるでしょう。それを埋めようと思えば、いろいろなことに挑戦しながら、一歩一歩その差を埋めていかねばなりません。細かいことに集中する緊張感が必要となります。そして、人は制限を与えられれば与えられるほど、クリエイティブになれるものです。芸術家が、どんなものにでもいいから表現してくれといわれるより、大きさの決まった白いキャンバスに絵の具で描いてくれといわれたときの方が、その創造性がかき立てられ、どう表現すれば自分の思いが伝わるか必死になるのと同じことです。

あなたも、「思い」を実現する具体的な目標を自分に与えられた制限と思って、あれこれ必死で考えていくことになります。この状態をクリエイティブ・テンション（創造的緊張）と呼びます。しかし、その過程で、しばしば不安や失敗からくる落胆、あるいは失望、悲しみなどの感情に出合うと、高い理想を追求することをやめて、現状の方向へ目線を引き下げてしまいます。エモーショナル・テンション（感情的不安）の状態です。

○「安易にアンチ」な姿勢をどこまでも貫こう

映画『スター・ウォーズ』をご存じの方は、作中にしばしば出てくるダークサイドと考えるとより理解が進むかもしれません。映画の中では、ダークサイドは、フォース（素晴らしい力）を持ちながらも、それを維持していく不安に負けた者が陥る悪の道と表現されています。

もし、あなたが「思い」を実現していこうとするならば、営業のいろいろな力を身につけ、それを駆使しながらその「思い」に到達していくことになります。不安に負けて挑戦を避け、安易な方向へ進めば、「思い」の実現は遠くなってしまうでしょう。こんなことをやってもきっと失敗する。だから、努力するのはやめて、適当にやっておこう。思い切ってやってみたけれど、大きく失敗した。私はきっと向いていないに違いないから他の道を探そう、など、エモーショナル・テンションに屈して、安易な方向へ行ってしまうことを避けなければならないのです。「思い」に到達するには、どこまでもそんな「安易にアンチ」な姿勢が望まれます。大きな志を持っているあなたは、強い姿勢を貫かなければなりません。

22 心と対話する

あなたの「思い」は本物ですか。深めていますか

○「思い」を深めるには、共感や感動に出合い、それをつなげる

営業という仕事は、ある意味、面倒くさい仕事です。成果を出すのにも時間がかかります。商品やサービスを理解し、わざわざ顧客にアポをとり、訪問してそれを説明し、顧客の気持ちを理解し、顧客をその気にさせ、説得し、時に駆け引きをしかけ、発注をうながし、満足がいく納品を実行します。気持ちが途切れないようそれを数回に分けたり、気持ちが後戻りすると、もう一度繰り返したりしてようやく1件が取れるような仕事です。その過程で、上司やチームメンバーとも相談を繰り返さなければなりません。すべての人に対して好印象も保つという緊張感もあります。よほどやりたいことが明確であり、それに動機づけされた状態、つまり強い「思い」を持っている状態でないとやりきることができないでしょう。

営業を始めるには、まずこの強い「思い」を持つことが重要なのです。そして、それが揺るがないよう、自分で深めていく必要があります。それにも、内省習慣が役に立ちます。自分の思いを実行（共同化）し、それを言葉にして（表出化）、その思いを深めてくれるものに出合う。や

っぱりそうかと思うものや、異質なものに出合って、共感や感動を得るのです。

○自分の心と対話し、「思い」を本物にできるかどうかで、成果に差がでる

自分の「思い」に共感や感動が連結したとき（連結化）、それって何だろうと内省して（内面化）みてください（11の図参照）。そうすれば、その共感や感動が自分の「思い」に加わり、その加わった「思い」をまた実行して、さらに深まった状態で言葉にされ、どんどん濃いものになっていきます。

そうです。人は、人と「思い」を交換して、共感や感動をし、自分の心と対話することで、自分の思いを深くできるのです。あなたは、どれだけ人の思いに触れていますか。また自分の「思い」を思い切って吐露したり、相手から聞きだして交換したりしているでしょうか。それは、人でなくても、本でも映画でも風景でも結構です。とにかく、自分の強い「思い」に影響を与えるほどのすばらしいものにできるだけ多く触れるべきです。営業は、大変手間のかかることを、細かく丁寧にやりきらなければなりません。この自分の強い「思い」を深め、本物にしていけるかどうかで、そのやりきり度合いが変わっていき、成果に大きな差が出ます。あなたの「思い」を本物にして、深めていきましょう。

チェックポイント

あなたの言葉で、言語化（概念化）してみましょう。それを、もう一度本文を読みながら内省しましょう。そうすることで、力がつきます。もう一段、実力が上がります。

☑あなたが営業を通じて実現したいことは何ですか

☑あなたが仕事をする目的は何ですか。明確になっていますか

☑あなたにとって人生の意味は何ですか。日々考えていますか

☑あなたは、上司や部下と自分の「思い」を交換していますか。またそれが何か知っていますか

☑あなたは、どうして成長できたのでしょう。成長には何と何が大切ですか

☑あなたの人生における修羅場は何でしたか。それをどのように乗り越えたのでしょう

☑あなたは最近変われましたか。変われていないとするとどんな習慣が邪魔をしているのでしょう

☑あなたにとって解かないといけないしがらみは何でしょう。どのようにして解きますか

☑あなたにとっての葛藤は何ですか。決断するとしたら、その目的は何でしょう

☑あなたはあなた自身のために何と戦っていますか。将来の目標を下げていませんか

☑あなたは最近、何かに共感や感動をしましたか。また、誰かをそうさせることがあったでしょうか

第3章

[仕事のプロセス]

分解して改善点を知る

23 プロセスに分解 あなたの仕事をプロセスごとに分解できますか

○自分の仕事がわかるということは、自分の仕事を分解できるということ

自分の仕事を一度、プロセスごとに分けてみてください。自身がやるべきことを漏らさず分解できましたか。分解できた人は、自分の仕事が何であるかわかっている人です。「分かる」ということは、「分けられる」ということです。例えば、「情報収集（リストアップ）して、次にアプローチがあり、関係構築して、ニーズを把握し、そして受注調整（商談やクロージング）をして、請求・回収し、アフターケアをするのが、私の一連の営業プロセスです」とはっきり分けられる人は、自分の仕事が何なのかをよく理解できています。

一方で、「アプローチをして、クロージング、そしてアフターフォローが自分の仕事です」などと、分ける内容がおおざっぱすぎる人は、何をすれば受注に至るのか、その後何をすれば自分の仕事が完結できるのかが、きっちり理解できていない人でしょう。また、逆に細かく分解しすぎて、条件によって内容や進めるプロセスが変わってしまうような分け方になる人は、優先順位がつけられず、いつも不安定、曖昧ということになってしまいます。一度、自分がやることをし

っかり分けてみましょう。

○プロセスごとや他者と比較すると、より自分がわかることになる

そのうえで、自分はどこに注力しなければならないのか、またどこがおろそかになっているのかを把握しましょう。それは毎日自分の訪問で、結果的に何をしたのかをチェックすることでわかります。分けたプロセスの月ごとの合計を、月ごとの総訪問件数で割るとその率が求められ、それぞれのプロセスと行った量を比較することができます。もしそれをチームで比較することができれば、他者と比べて自分は何が過ぎていて何が足らないのかを理解することができるでしょう。

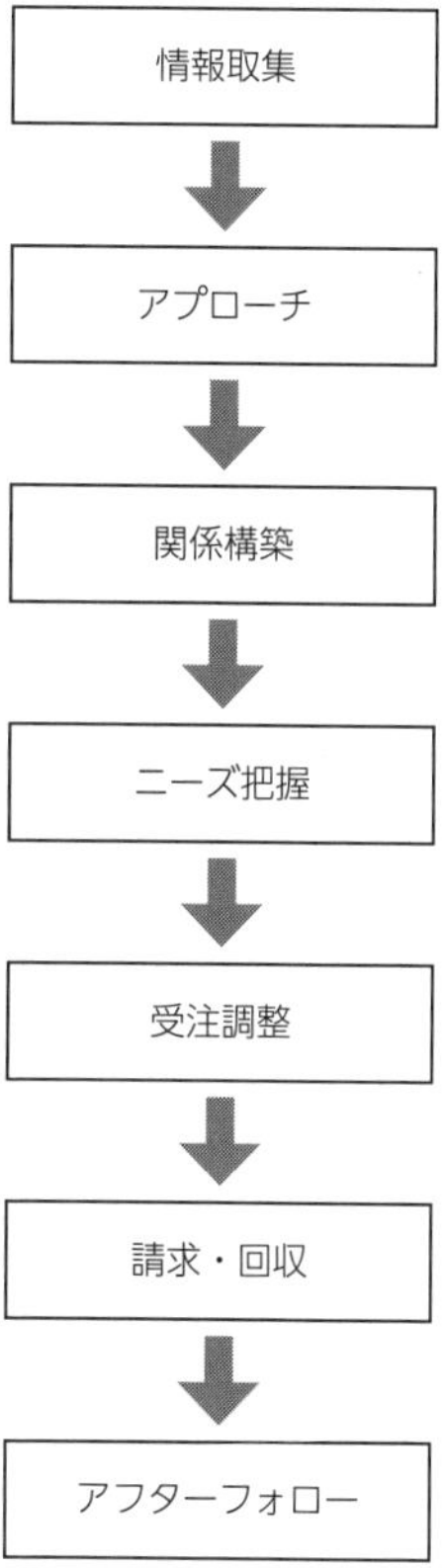

24 営業知識

あなたが持っている知識、不足している知識がわかりますか

○備わっている知識、不足している知識を把握しよう

自分の仕事をプロセスに分解できたら、今度はその横に、どんな営業知識を使っているか、また自分はそれが十分だと思っているかをチェックしましょう。◎、○、△、×などでいいと思います。例えば、情報収集という項目を挙げたとすると、自分は、会社リストアップの方法は◎、会社理解の知識は×、担当者や決裁ルートの把握は△、過去の営業履歴は○というようにです。そうすれば、自分にはどんな知識があり、どんな知識が不足しているかをよく理解することができます。例えば、私は次のように営業知識を分けています。

情報収集——会社のリストアップの方法、会社理解の知識、担当者や決裁ルートの把握、過去の営業履歴

アプローチ——アポイントの取得知識、紹介のもらい方、初回訪問の仕方、宿題のもらい方

関係構築——傾聴の仕方、質問の仕方、商品説明、自社PR、自己開示の仕方、思いの交換方法

ニーズ把握――質問する項目、ニーズ判断（時期、大きさ、数、種類、予算）、決裁ルート確認、納品適合判断

受注調整――商談の進め方、打ち手のインパクトのつけ方、質問への対応、駆け引き、クロージング

請求・回収――契約書の書き方、受注内容の確認、請求に関すること、規約などの取り決め、受注経費や利益

アフターケア――納品の方法、クレーム対応、次の課題確認、顧客満足へのつなげ方、お礼訪問の方法

○不足している知識は、積極的に習得しよう

ここに挙げたのは、私のやり方ですので、あなた自身が、これは営業知識として蓄積しておきたいというものがあれば、それぞれにネーミングをして言葉を置いてみてください。もし、１人で考えるのが不安という人は、仲間でやってもいいですし、上司に手伝ってもらってもいいと思います。大切なのは、自分の仕事を完結するのに何が知識として必要かを把握することと、その知識の蓄積度合いの濃淡を知ることです。自分の仕事を分けたプロセスとあわせて、ことある度に俯瞰してみましょう。そして、不足していると感じるものは、上司や先輩などから教えてもらったり、また本などを読んで自分で蓄積するようにしていきます。

25 顧客の情報収集 顧客の経営課題を説明できますか

○その会社が意志を持って取り組みたいことが受注につながる

顧客の経営課題とは、その顧客が会社として、意志を持っていま最も実現したいと思っていることです。顧客の情報収集の中で、最も肝になる知識が、この顧客の経営課題を聴き出すことです。なぜなら、問題と課題の違いを前述しましたが、すでに問題になっていることは、すでにいろいろな方法で着手していることが多く、競合の存在も無視できません。また対象が明確化されたものは、できるだけコストを小さくして解決したいと思っていますので、実入りが少ないことが多いのです。

それに比べて、これから最も課題としたいところは、お金をかけてでもやりたいと思っているところですから、やりがいもあります。例えば、人員削減やコスト削減などの課題であったとしても、それにつながる投資は惜しまないことだってあるのです。それに、顧客の経営課題に沿わないものは、検討の優先順位を下げられたり、そもそも検討しないということも多いです。こちらが、どんなに一生懸命に営業しても、なかなか進まない、また途中で急にブレーキを踏まれるという場合は、自分が提案している内容が経営課題に沿っていなかったり、顧客の意志から外れている可能性を考えてみましょう。

○できれば直接聞いてみよう

経営課題は、その会社から発信されている読み物や客観的な記事などからも、推し量ることはできますが、一番正確な把握の方法は、上司に同行してもらい、あなたが会えるその会社の最も上位者に訪問し、直接聞くことです。「アプローチの前に情報収集のための訪問？」と驚かれる方もいるかもしれませんが、私は表敬訪問と称し社内を説得し、顧客には、お礼と称して今までの取引や何らかのおつき合いの中からお礼できるものを探し出して、その時点で会える最高位の方のアポイントをよくとりつけていました。そして、経営課題を確認するだけでなく、これから営業したいものについても、自分の上司に説明させて、現場担当者を紹介してもらうという手法をよくとったものです。もし、この方法で成功すれば、その商談は経営課題に沿ったお墨つきをもらった商談ということになりますので、先方の担当者にとっても、その他のものよりも格段に進めやすいものとなります。逆に、自社商品が経営課題に沿わなければ、今後力をかけるべきでない会社という判断が早まります。

26

顧客へのアプローチ

顧客をその気にさせる方法を言葉にできますか

○顧客が望むものを知り、それを提供するだけでは不十分

店舗で顧客を待たず、自ら顧客を訪問する営業マンにとって、顧客をその気にさせることこそ、アプローチでは最も重要な行為です。顧客の動機づけといわれますが、それがないと受注までの段階にはなかなか進展していきません。お店の販売員を想像してみてください。彼らの業績は、顧客の身なりや視線、そして仕草や言葉などを観察し、どれだけ顧客がほしいものを想像できるか、そしてそれを、どれだけ的確に早く顧客の前に提示できるかにかかっています。そこにあれこれと説明する言葉はいりません。言葉を発することで説得するより、ほしいものを目の前に持っていった方が時間が短縮でき、多くのものが売れるという寸法です。

これをバックヤードにどれだけ早く到達できるかという意味で、販売の「後ろに走るスピード」と呼びます。ところが顧客を自ら訪問する営業マンは、その知識だけでは売れません。応接間の対面では、顧客が何をしたいのか、何がほしいのかを言葉で聞きだすところから始めなくてはい

けません。それには、まず、顧客の共感を得て、心を開いてもらうことが必要になります。

◯自分が何者か、またあなたにどう役に立てるのかを心を込めて語ること

顧客の共感を得て、心を開いてもらい、顧客にこうしてほしいといわせるには、まず、我々が何者なのか、私が何者なのかを話し、それを相手に理解してもらう必要があります。そのうえで、自社、また自分は、相手の会社あるいは相手自身に何ができるのかをわかってもらいます。この理解のさせ方がうまいかどうか、また芯を食っているかどうかで、相手の心をどれだけ開かせることができるか、つまり、相手がどれだけその気になるかが決まります。

ソフトバンクを説明するのに、「携帯電話の会社です」とだけいうのと、「携帯電話だけではなくデジタル情報をありとあらゆる方法で利用いただき、貴社の仕事を最大限効率的にしていただく会社です」というのとでは、まったく違う印象を持たれるでしょう。「ならば、こういうことはできますか」と聞いていただけることが増えるはずです。具体的に役に立てるイメージを持ってもらえます。営業マンは、顧客が何を望んでいるかを知り、それを提供する商品やサービスの説明に加えて、この自分が何者かを語る力量が必要なのです。

27 関係構築 取引先の担当者やその上司のことをどこまで調べましたか

○人ががんばってこられたことに温かい視線を向ける

関係構築するうえで、相手のことを詳しく知ることはとても大事なことです。特に、いい関係を築きたいと考えるならば、相手のがんばってきたところに注目し、そこに関心を寄せたり、共感したりすることが必要になってきます。例えば、地方出身で、大学入学を機に東京に出てきて、そのまま東京で就職し、ある企業の部長にまでなった方を想像してみてください。東京に出てくるときはとても不安だったかもしれません。また就職し、結婚し、子供を育てる過程で、親の助けを借りずに、奥さんと二人きりでがんばってきて、しかも企業の中でも、責任ある地位に就いていることだけでも、何かしら苦労があったことでしょう。また、そのポジションになるまで、会社の中でいろいろなことがあり、何らかの修羅場を乗り越えてきたかもしれません。

まさにその人に歴史ありというところでしょうか。人は、何でもないことのように見えても、自分なりにとてもがんばってきた、またがんばっているところに触れられると、思わずいろいろと話をしたくなるものです。人間関係を築こうと思ったら、商談の前にそこに注力しましょう。

○徹底的に傾聴することでいい人間関係が作れる

傾聴する技術というのは、何も相手のことを知るためだけに使うものではありません。人は、自分のことを徹底的に知ってもらった人にのみ心を開き、その人のために何かしようと思うものです。「士は己のことを知る者の為に死す」という言葉が中国の歴史書『史記』にあります。傾聴するとは、まさに自分のしたいことをやってもらうための技術でもあるのです。その傾聴をやりやすくするのが、相手の担当者やその上司のことを、徹底的に調べるという行為です。

調べるといっても、スパイのように嗅ぎまわるのではありません。いろいろな方を通じて、彼らがどんな人で、どんなことにがんばってこられたのか、また今どんなことに取り組み、何を突破しようとしているのか、そんな前向きなことを聴かせていただくのです。初めて訪問したときに、事前に調べたことをステップにして、次回以降、ゆっくり聴かせていただける時間があるときに、もっと詳細に、その人のことについて傾聴しても構いません。相手も人間です、自分のことに関心を寄せてくれる人と思われたなら、よい人間関係が築けるに違いありません。

28 ニーズの把握

顧客がいま何をしてほしいか3つにまとめられますか

○ニーズ把握とシーズ把握、あなたがやるべきことはどっち？

物事がわかるということは、分けられることだといいましたが、ニーズ把握においては、先方がいま何をしてほしいか3つに分けて優先順位をつけることができれば本物です。まず初めに、ニーズとシーズの違いがわかりますか。ニーズとは顧客が求めているもの、需要のことです。一方でシーズは企業が持っている新しいビジネスの種（技術やサービス）のことです。ニーズを明らかにするとは、顧客の中に顕在化している、また顕在化しそうな欲求を明らかにし、自社の商品がそれに合うものかどうかを判断し、もし可能なら、それをできうる限り変化させていくことをいいます。シーズを明らかにするとは、世の中で望まれている、問題を解決してくれそうなものを予測し、それを提案することで、顧客の中にウオンツ（欲求）を起こさせることをいうのです。

つまり、シーズを明らかにするには、それを創り出すのに、それだけ資金や力がいるということになるので、大手企業向けの戦略です。資金や力より、アイデアで勝負するような中堅企業は、顧客が何を望んでいるか、つまりニーズをまずつかみ、それを徹底して自社商品やサービスに結びつけましょう。

○顧客ニーズを探る3つの要素を把握しよう

そのためには、顧客が課題と思っていることを、社内のこと（人事や生産に関わる）と社外のこと（顧客や販売に関わる）に分け、それをさらに時間的要素（スピードや納期）と、感覚的要素（品質や一生懸命さ）、結果的要素（プロセスや成果）に関わるもの3つに分けて、それに優先順位をつけます。おおむね、顧客の困っている内容は、この2×3に分かれます。これが顧客のニーズということになります。その要素の中で、顧客のニーズを正しく解釈するために、もっとつっこんで深く聞いてみる必要があるケースもあります。例えば、「サービスを提供するスピードを上げたい」という話を詳しく聞いていくうちに、実は、仕入れの納期を短縮する仕組みを導入したかったことに顧客が気づき、違う商談になるというのはよくある話です。あなたが、営業マンなら、2つに分けたうえで、これらの3つの要素に沿って、質問を繰り出し、本当のニーズを見つけ、優先順位をつけ、自社の商品やサービスをそれに合致、もしくは近づけることができるかどうか判断しなければなりません。

29

提案して受注

あなたの提案は相手の期待を超えるものでしょうか

○提案に曖昧さが残らないよう、より具体的に手順を示す

自分が何者か説明ができ、顧客との関係構築ができて、顧客のニーズが明らかになったら、提案の練り込みをします。その提案は、顧客の期待を超えているでしょうか。それこそが、顧客が社内でそれを通してくれるかどうかの鍵となります。期待を超えられるか超えられないかは、一言でいうと顧客に新しい現実を提案できたかどうかということに尽きます。顧客ニーズに対して優先順に、今までと違う時間的要素、感覚的要素、結果的要素の解決策が明確に示せたとき、またその総量が期待を圧倒しているとき、顧客はあなたの提案を社内で通そうという気になるのです。現実はこう、未来はこうなると示したうえで、そこに至る手立てを順番に詳しく、具体的にしていきましょう。注意すべきは、曖昧な点を残さないことです。プレゼンが終わった段階で、「これで、上司の方に説明いただけますか」と質問し、自信を持って説明できるという具合だったらそれは成功、少しでも自信なさげであれば、どこか曖昧なところが残ったということになり

ます。あなたは、さらに説明をして理解してもらうか、もう一度提案を練り込むか、どちらかをして期待を超えるところまで持っていかねばなりません。

○決裁ルートのキーマンの期待も超える

対面の担当者の期待を超えられたら、顧客の組織を意識します。提案の程度によって担当者が、単独で決められるのか、それとも上司に相談するのか、また稟議（社内決裁）をあげて、みんなで決めるのかを見極める必要があります。そのうえで、決定に最も影響力のある人の期待を探らねばなりません。あなたの提案は、その人の期待をも超えているものでなければならないからです。いくらあなたの対面の担当者が納得していても、結局は決める人が納得しなければ、その商談はそこで止まってしまいます。部下からの提案を自分が受け入れるかどうかは、その人自身の期待を部下からの提案が超えているということでもあります。できれば、その人と直接会って話をしましょう。「この件はどのようにして決まるのですか」と再度確認し、「であれば、その方にも説明させてもらえませんか」もしくは、「私の上司がその方に説明させろというのです」といい、キーパーソンに直接会う手立てを考えてください。そして、そのキーパーソンの意に沿うように一から手順を繰り返してほしいのです。

30 クロージング 駆け引きは、どんなときにどのようにしかけますか

○相手の希望にどこまで沿えるか、自分の持つ余裕をまず知ろう

どれだけ顧客に信頼されていても、相手には立場があります。少しでも自社に有利になるよう商談をまとめなければなりません。商談を少しでも自分の有利な形に持っていくために、事を運ぶ行為を駆け引きといいます。もちろん駆け引きは、商談の最初から始まっていますが、商談の最終段階、つまりクロージング段階になっての駆け引きは、顧客が、あなたの提案内容の大筋を受け入れ、詳細な条件を決めようとしたときに始まります。

ここで大事なことは、価格やエリア、支払い条件、契約期間や納期など、詳細な契約を結ぶうえで決めなければならない取引変数において、あなたはどれだけ余裕を持っているかということです。どこまでなら譲ってもいいかという余裕が駆け引きの決め手になります。大体のケースは、あらかじめ聞いておいた先方の希望をもとに、こちらから条件を提示するか、決められたこちらの条件に対し、先方が希望をいってくるかのどちらかでしょう。キーポイントはこの希望をいってくるタイミングです。駆け引きとは、このキーポイントで、あなたが持っている余裕の

範囲で、相手の希望にどこまで、またどのように沿うかという行為なのです。

○相手の希望を聞く前の行為こそ、駆け引き成功の秘訣

駆け引きを優位に進めようと思ったら、先方の希望を聞かせていただく前に、先方の購買意欲がなくなってしまわない程度に、こちらの売却意欲が保てる範囲を先方に上手に認識させねばなりません。駆け引きを試してくる顧客は、このことを探ろうという姿勢があるので、言葉ではっきりいわなくても質問をしてくるでしょう。それに意思の強弱をつけて答えればよいのです。

「価格は絶対下げられません。でも契約期間なら多少ご相談に乗れますよ」など譲れるところと程度を認識してもらいます。そのうえで、先方から最終的な希望が出てくるキーポイントで、あなたの持っている余裕の範囲内なら基本ＯＫでしょうし、希望の範囲でも、少しでもこちらを優位にしたいのなら、それまで築いてきた信頼関係をもとに、気持ちを先にぶつけ解決を図りましょう。「それは厳しすぎます。ここはこうしていただけませんか」というようにです。それまでの信頼関係があれば、こちらが譲った分だけ譲ってくれるはずです。それでも解決しなければ、なぜそれが難しいかを論理的に丁寧に説明しましょう。

31 アフターフォロー 顧客の成功を一緒に喜び、次の提案につなげていますか

○アフターフォローの目的を理解しよう

営業におけるアフターフォローの最大の目的は、その顧客から次の商談を獲得するか、見込みのある顧客を紹介してもらうことです。この目的を達成できないなら、アフターフォローは営業から切り離し、別動隊が請け負った方がよいかもしれません。目的を達成するには、まず顧客がその商品・サービスを導入してよかったのだということを証明しなければなりません。それには、納品やその後の経緯をしっかり確認し、今までと何が変わったのか、どうよくなったのかを双方で出し合い、整理して言葉にすることが重要です。この工程を怠ると、顧客はその導入の意味を振り返ることなく、自分の興味をあなたが手の届かないものに移してしまいがちです。しっかり言葉にして、意味を内省してもらい、改善点や現状よりもっとよくなるための課題を洗い出しましょう。そしてその課題は、あなたが解決できることを示し、次の提案につなげましょう。

また、成功を一緒に喜ぶことができたなら、その喜びを他の友人や知人と共有できないか、つ

まり別の顧客を紹介いただけないか聞いてみましょう。相手のタイプにもよりますが、一定の確率で見込み客が増えるはずです。

○次の課題を認識してもらうためには、そのための知識を身につけてもらおう

次の課題を認識してもらい、次の商談にするときに分かれ目となるのが、顧客にその課題を理解できる知識が十分であるかという点です。顧客の知識が十分でなければ、振り返りをするときに、課題はなんとなく認識できても、それを解決する手立てや手順を想像できず、さらなる改善はあきらめ、現状で満足してしまいます。顧客がその導入を振り返る前か途中で、解決のために知っておいてほしい知識を顧客に教えておく手間をかけましょう。あなたが次に提案する別のサービスや新技術のこと、またその詳細、はたまた、そのサービスや技術が創り出す世界観やどうその顧客に役立つのかというメリットを全体的なシーンや要素に分解して知ってもらいます。知ってもらって、もし興味を持たれるようであれば、そこをさらに詳しく説明するといいでしょう。

もし、できうる限り丁寧に知ってもらう努力をして、それでも興味を持ってもらえなければ、危機感を募らせなくてはなりません。顧客の上司か、商品やサービスを導入して最も喜んでいる部署に矛先を変えて、反省会からやり直す必要があります。

32

反省と改善

あなたの仕事はどこが足りませんでしたか。それはなぜでしょう

○あなたの分けたプロセスには、会社や自部署や自分のあり方があるか

この章を丁寧に読み進めてきた読者は、自分の営業プロセスをしっかり分けることができるのか、そして、自分の「思い」、特に自社や自分の部署や自分自身のあり方に対する「思い」に照らし合わせて、そのプロセスは正しいのか、また不足しているなら何が欠けているのかを理解することの大切さに気づいたはずです。自分の会社は、常に社会のニーズに貢献するというあり方を目指しており、自分の部署もその先兵であるはずなのに、「ニーズ把握」という段階が欠けている。加えて「情報収集」や「アフターフォロー」もおろそかになっていたと気づいたなら、それを改め、それが際立つ新しいプロセスに書き換えるべきです。

そして、自身が重要と思われるプロセスには、どんな知識が必要かを認識し、その深さはどの程度のものを要求されるのかを考えて、これからの知識習得の優先順位を上げなければなりません。それは、会社や自部署のあり方だけでなく、自分がどのような営業マンを目指すのかという

自身のあり方（思い）に対しても同じことです。自身のありたい姿がなければ、とことんまでやろうと思わず、どこか足りない仕事になってしまいます。

○なりたい自分を意識してプロセスを考えよう

交渉のうまい営業マンになりたいという希望があるなら、プロセスの中盤あたりを重要視し、その知識を習得し、さらに深いものにしていかねばなりません。プロセスについても、「受注調整」などとひとまとめにしないで、「提案の練り込み⇓プレゼンテーション⇓受注交渉⇓クロージング」のようにはっきり分けて、そのプロセスごとの知識の習得に励みましょう。

顧客との関係性を重視する営業マンを目指しているというならば、やはりプロセスの前半に力を入れなければなりません。「会社情報の収集⇓個人情報の収集⇓アプローチ⇓関係構築⇓好意的決裁ルートの獲得」というように、関係を強固にするためのプロセスを盛り込みましょう。自分は管理職として、既存顧客からの売上増を図るのが使命だと思うなら、プロセスの後半を充実させなければなりません。「受注⇓納品調整⇓納品⇓請求・回収⇓課題の再生産⇓顧客教育⇓企画練り込み」などとして次の課題を確実につかめるよう布石を打つべきでしょう。とにかく自分の「思い」のこもったプロセスにしてください。

33 経験を知識に

営業知識を増やすために、どんな努力をしていますか

○知識の起点は、まず行動し、経験することから始まる

第1章の11で、営業マンの武器は営業知識だといいました。その知識は、経験したものを言葉にして（表出化）、いろいろなアドバイスや本に書かれていることを参考にして（連結化）、次の行動を練り上げて計画する（内面化）過程で生まれます。そして、それをどんどん増やそうと思えば、このサイクルをしっかり抜かりなく実行することとそれを回すスピードを上げることです。ただ、その起点になるのは、やはり、いろいろな経験をすることです。「百聞は一見に如《し》かず」「百学は一験に如かず」などといいます。「こういうときはこうする」「こうなれば、こうした方がよい」といったように現場で起こることに対する自分なりの感覚を手にしてこそ、それを正しく意味あるものとして言葉にでき、アドバイスや他の知識も素直に聞くことができるのです。それがないと深く内省できないともいえるでしょう。

営業知識を増やそうと思ったら、とにかくやってみる、迷ったら「とりあえず」やってみると

いう姿勢が大事だということになります。もっというと、「わかる」ことと「できること」は違います。営業知識は、できることにしないと使えません。

◯経験して感じ、知識を知恵化しなければ実際には使えない

私が本書に書いていることは、読者の皆さんにとっては単なる情報です。それを知識化するには、皆さんが前述のプロセスを回して、自分のものにしなければなりません。情報をいったん理解したら、行動計画を練って、経験することです。さらにそれを効果的に使えるものにするためには、経験したものを自分が使える、より具体的な言葉や感覚にして蓄積する必要があります。それこそが、「知識の知恵化」です。

プレゼンする前に顧客の個人情報を獲得するというのが営業知識だとすれば、実際に商談中に「どこのご出身ですか」「青森ならば〝ねぶた〟ですか〝ねぷた〟ですか」「〝ねぷた〟ならお城の近くですね」など、それを具体的にしていく手立てを自ら身につけなければなりません。それには、「思い切り経験する⇓思い切り感じる⇓それは何かを言葉にして考える⇓そのことについてさらに経験できる準備をする⇓また思い切り経験する」というプロセスを回すことが欠かせません。営業知識を増やそうと思えば、その知識を知恵化する努力も、同時にする必要があります。

チェックポイント

あなたの言葉で、言語化(概念化)してみましょう。それを、もう一度本文を読みながら内省しましょう。そうすることで、力がつきます。もう一段、実力が上がります。

☑あなたの仕事をいくつかのプロセスに分解できますか。やってみましょう

☑プロセスごとに、あなたが持っている知識は何ですか。ラベルを貼りましょう

☑あなたの最も大事な顧客は、いま何に一番取り組まないといけないかわかっていますか

☑あなたがその顧客に最も共感してもらいたいことは何ですか。言葉にできますか

☑あなたのその顧客が今までがんばってきたことは何でしょうか

☑あなたのその顧客は、今あなたに一番何をしてほしいのでしょうか

☑あなたの顧客に対する提案は、顧客の期待を超えていますか

☑あなたは商談を決めるとき、譲れない点を整理して臨んでいますか

☑あなたのアフターフォローの目的は何ですか。それは理にかなっていますか

☑あなたの営業プロセスは、自分の「思い」を実現するのに十分でしたか

☑あなたの知識を知恵化するとはどういうことですか

第4章

[自分と会社を知る]

営業スタイルや考え方の特徴

34 自分を知る 人生の岐路となった出来事を5つ挙げてみてください

◯迷ったときに決断した出来事の奥に、あなたの価値基準が見えてくる

人生の中で、AかBか選択に迷った結果、Bにも行けたのにAを選んでしまったというような出来事を考えてみましょう。

例えば、少し無理をすれば希望の大学に行けたかもしれないのに、確実に合格する地元の大学を選んでしまったとか。例えば、大好きだった幼なじみがいたが、しばらく距離が離れており、彼女の気持ちを確かめもせずに、友人に紹介された今の妻と結婚してしまったとか。何となくある時点までは消極的な人生を歩んできた人もいるでしょう。

逆に、高校のときの部活で、今までろくに運動もしていなかったのに、その高校の最も有名なサッカー部に入り、見事レギュラーの座を獲得し全国大会に出場したとか。就職して配属のときに、地方都市のしかも希望ではない職種の辞令が出て、すぐに会社を辞めようと辞表を提出しようとしたが、先輩からとりあえず3年はがんばれと慰留され、がんばってみた結果、その職種が天職になり、今がぜん未来が開けているとか。挑戦し、それを乗り越えることで人生を好転させてこられた人もいるに違いありません。

○価値基準は人生と共に変化もする

そんな出来事を5つばかり挙げてほしいのです。そうすると、その決断の奥底に潜む、あなたの決断のときのくせ、習慣が見えてきます。これこそが、あなたの価値基準です。長く生きていると、途中で価値基準が変わることもあります。

私の場合は、人生の前半は、とにかく他人に比べて勝ちたい、負けたくないとばかり思って選択をしていたような気がします。進学や部活、就職、そして仕事の中での目指す方向性すべてで他人に負けたくない、自分のできる範囲で何か自分だけのポジションを作りたいと願っていました。ところが、子供が生まれ、多くの部下を持ち、左遷などの辛い出来事も体験していく過程で、だんだんと他人と比べるより、自分自身が何をしたいのか、何ができるのか、何をすべきなのかに向き合うようになってきました。それからは、自分のネットワークや今までの経験を活かして人に貢献すること、自分が最大限活かされることに価値基準が変化していきました。今は、以前の価値基準で岐路を判断することはありません。

35

考え方のくせをつかむ

奥底に潜むあなたの考え方の習慣は何でしょう

○あなたの決断のときのくせ、習慣は、ビジネス上の判断にも色濃く出る

他人にどうしても勝ちたい、負けたくないという価値観と、人に認められたい、ないがしろにされることだけは許せないという価値観は似ているようで違います。また、自分を押し殺してまで、人のために何かをしてあげたい、貢献したいという価値観と、常に安心・安全を図りたい、自分が矢面に立つのは避けたいという価値観もよく考えると違うものです。あなたが、AかBか選択に迷って決断したときの深層心理はどうなっているのでしょうか。自分ではこれだと思っていても、よくよく考えたら違っていたということはよくあることです。

よくわからないという場合は、5つほど自分の選択を挙げてみて、それを人に見てもらい指摘を受けてみましょう。そうすると意外に違う答えになることが多いような気がします。ここで大事なことは、あなたの考え方のくせ、習慣をつかむことです。あなたが何か行動したり、決断したりするときは、この考え方のくせ、習慣に引きずられます。ビジネス上でも、自分の安心・安全を考え矢面に立つのを避ける傾向にある人は、いま果敢にいかないとチャンスを逸する直面なのに、何か言い訳を作ってしまいがちだということがわかるでしょう。

○人はくせや習慣を変えたくない、それが正しいと思いがち

人は、大きな変化や未知なものを避けて、現状を維持したくなる傾向にあります。変化することで得られる利益よりも、失うことにおける苦痛の方が大きいと判断してしまうのです。これを現状維持バイアス（偏見）といいました。ビジネスは、状況をフラットに判断し、適切な答えを導くことが重要です。しかし、結局は人が判断することです。あなたの今までのくせ、習慣、つまり価値基準によって判断しがちだということを、自分でしっかり理解しておくことが大事なのです。

常に冒険したり、挑戦したりする人は、自分の好奇心を満たすことが価値基準だったりします。個人的なことならそれでいいのですが、ビジネス上の判断だと、部下や周りの人はもっと冷静に行動してほしいと思うこともあるでしょう。常に詳細な分析をして事実を明らかにしたい人は、価値基準が、自分の大事にしていることにこだわりがちです。これもビジネス上の判断だと、木を見て森を見ず、もしくは、考えている間にチャンスを逸することにもなりかねません。あなたのくせ、習慣は何でしょうか。

36 営業スタイルを確認

あなたはどんな営業スタイルをとっていますか

○まずは自分を知ること、自分の営業スタイルを知ること

あなたの今までの決断の奥にある深層心理、あなたのくせ・習慣、価値基準がわかりましたか。大きく分けると、他人に勝つことを優先し何事も合理的に目標を達成するタイプと、他人から認められることを優先し注目されるために労を惜しまないタイプ、他人の気持ちを優先し何事も穏便に済まそうとするタイプ、自分の理屈や理論を優先し何事にも裏づけや分析をするタイプの4つに分類されるといわれています。

これをソーシャルスタイルというようですが、営業マンの行動特性にもよく表れます。大切なことは、自分の大事にしていることを理解し、それが相手によって強みにも弱みにもなるということを知ることです。さらにいうと、自分が出す方針や決断は、自分の大事にしている価値基準によってなされる傾向があると考えることです。孫子の有名な言葉に、「敵を知り、己を知れば、百戦危うからず」というものがありますが、まず自分を知るところから始めましょう。自分のことがわかれば、相手や状況に合わせて、自分の価値基準と違う方向に戦略を打ち出すことも可能

になります。苦手な相手や状況にあるときは、この方法で乗り切ることです。

○自分の強みを活かし、弱点を克服する営業を心がけよう

他人に勝つことを優先するタイプは、テキパキとしていていいのですが、雑談などが少なくあまりにも合理的で冷徹ととらえられがちです。他人から認められることを優先するタイプは、話題が多いのはいいのですが、どこかいい加減、この人に任せても大丈夫かと思われることもあります。他人の気持ちを優先するタイプは、周囲への気配りができるのはいいのですが、自分の意見がなく優柔不断ととらえられがちです。自分の理屈や理論を大切にするタイプは、安心感・安定感はあるのですが、行動がゆっくりで何を考えているかわからないと思われがちなのです。

このように、自分の中の価値基準が行動するときの自分のルールになってしまうと、相手や状況によって自分の弱点として露呈してしまいます。そうすると人間関係のストライクゾーンを自ら狭めることになり、ビジネスで支障をきたすことにつながります。もし、あなたが、自分の価値基準だけでなく、人の価値基準も理解できるようになってくれれば、営業の場面でも、それが何であるかを判断し、それに合わせて行動することができるようになります。

37 自社を知る 自社の岐路となった出来事を社史の中から選んでください

○自社のホームページの沿革か、社史を眺めてみよう

この章で勉強した価値基準を会社にも応用します。自社の社史の中で、今の会社を作った岐路になったような出来事を自社のホームページの沿革から5つばかり挙げましょう。

私のいたリクルートであれば、1962年の『企業への招待』創刊、1975年、76年の『就職情報』(中途採用専門誌)・『住宅情報』創刊、1981年のリクルート銀座8丁目ビル竣工、1988年のリクルート事件、2014年の株式上場の5つを選びます。1962年の『企業への招待』の創刊は、情報を集めることで価値を高め、ほしい人に届けるというビジネスモデルを獲得したという点、1975年、76年の『就職情報』・『住宅情報』の創刊は、今の事業を極めるという方向から本格的な多角化を目指したことと、新卒採用支援という季節労働からの脱却を図った点で大きな転換だったと思います。また、1981年のリクルート銀座8丁目ビル竣工は、それまでの創業者の私企業から、大企業へ転換していく決意の表れ。1988年のリクルート事件(創業者の江副浩正氏が関連会社の未公開株を、政財官界に広く配り、大スキャンダル事件に

発展した）は、方針転換を世間から迫られ、それを全面的に受け入れたという点、２０１４年の株式上場は、事件の傷も癒え、本格的にグローバル企業を目指すと決めた点で価値があります。

○会社にも価値基準は作られていく

このように企業にも、ＡかＢかどちらにでも舵を切れたのに、なぜかＡを選んでしまったという岐路が必ずあるものです。創業間もないころは、創業者の意志が色濃く反映されますが、社員が10名ほどになってくると、創業者がよほどワンマンでない限り、必ず組織の総意というものが生まれます。一人で考えるよりみんなで考えた方が知恵が出るということで、会議をします。みんなが納得しないとみんなのやる気が生まれず、どんどん前に進めない、困難な状況に立ち向かえないからです。だから、納得しないまでも、受け入れられるという状態まで話し合うのです。正しい判断かどうかは別の問題です。情報収集して代替案を出し合い、みんなが受け入れられる選択をする。これが組織の意思決定です。

つまり、企業は構成員である人が作るということです。たまたま、ある目的に沿って集まった構成員が受け入れられる選択をし、それを繰り返していく。つまり、企業が大事にしてきた、そしてこれからも大事にしたい価値基準というものは、そうして生まれてくるということです。

38

自社の価値基準

自社が岐路に立ったときの判断基準は何でしょうか

○今までも大切にしてきたし、これからも大切にしたい価値基準

前述したリクルートを象徴するような5つの出来事、つまり自社が岐路に立ったときの大きな選択をした判断基準は、その前半が、飽くなき成長を目指す、後半は、自社の理念でもある「新しい価値の創造」を生み出せる環境を得るというものです。企業にも、これが一番自社を象徴している、今までこれを大切にしてきたし、これからも大切にしていきたいという譲れない価値基準というものが存在します。

我々が入社したころのリクルートマンは、どんな企業に就職した人よりも早く成長したい、多くを経験したい、そう願ってやみませんでした。どこよりも高い給与や、格段に速い昇進による人生経験をほぼ全員が求めていました。事件後は、とにかく面白い、他にないという仕事に主体的に関われるならこの会社に残りたい、それができないなら出ていくという人が多かったと思います。例外の人もいるかもしれませんが、昔の日産マンなら、「技術の日産」に象徴されるように、時代を代表する車の技術力さえ負けていなければ他は関係ない。電通マンなら、「鬼十則」に代表されるように日本一の広告企業でなければ電通にあらずと思っていたことでしょう。

○正しいかどうかは別にして、「俺たちは何なのか」を意識しよう

そうした価値基準は、企業の判断を間違った方向に導くことになる可能性もあります。リクルートの価値基準はリクルート事件を、日産自動車は経営危機を、そして電通は過労自殺問題を起こす一因になったといわれています。しかし明らかにある一定期間は、社員の多くが高揚し、やる気を出すくせや習慣だったはずなのです。もちろん時代に合わせて、それが正しいかどうかを見る目は大切にしつつも、自社の戦略や戦術を考えるうえで、これだけは外せない、こうすればみんなが受け入れてがんばるに違いないという価値基準を意識すべきです。

中堅・中小企業の中には、雇用を守る家族経営が価値基準だという会社もあります。これも立派な価値基準です。雇用を守ることが、どれだけ大変なことか、経営をやってみたことのある人はわかるはずです。大切なことは、組織としての意思決定を繰り返して形成された価値基準を無視して、構成員の日々の具体的な活動、その指針となるべき戦略・戦術は作れないということなのです。それは、自身の営業活動においても、色濃く影響を受けます。

39 自社の営業スタイル 自社の営業スタイルの特徴は何でしょう

○自社の価値基準が、その会社の営業スタイルを作ってきた

価値基準がプロダクトアウトになじむのか、マーケットインになじむのかによって、営業スタイルは分かれます。リクルートのように、とにかく面白いもの、今ないものを提供することが自分たちの価値基準だとすれば、当然そういったものを自ら作り出し、それを提供するという営業スタイルになります。プロダクトアウトです。一方で電通のような広告会社では、顧客が持っているすべての要素を広告に結びつけ、それを世の中にあるすべての広告媒体を使って表現するという営業スタイル、つまりマーケットイン的な活動になります。

マーケティングの観点からは、プロダクトアウトは顕在ニーズに対応させ、マーケットインは潜在ニーズに対応するのが効率的だといわれています。また、会社の体力に合わせて、それぞれ少品種で対応するのか、多品種で対応するのかで分かれます。プロダクトアウト（顕在ニーズ対応）なら単品営業（御用聞き営業）か総合営業（提案型営業）、マーケットイン（潜在ニーズ対応）ならコンサルティング営業（顧客課題や問題点を把握し、それに合わせた解決策を提供する

営業活動）かソリューション営業（顧客課題や問題点に対する解決策として、それに合わせた商品やサービスを提案する営業活動）が適しています。

○自社の営業スタイルの特徴、必勝パターンをつかもう

大切なことは、自社の価値基準が作り出してきた営業スタイルの特徴をつかむことです。必勝パターンといってもいいかと思います。リクルートであれば、就職や住宅、結婚などの顕在ニーズに複数の商品（メディアへの出稿パターン）を用意し、総合営業します。なるべくリクルートのメディアの範囲内で、どのパターンがよいか提案型営業を繰り返します。顧客が気づいていないニーズや方法を提案するという点でコンサル営業やソリューション営業に見えることがあっても、結局は、顕在ニーズに合わせて用意された商品にある意味強引に落とし込むという点では総合営業そのものです。それがリクルートの営業の必勝パターンでした。

したがって単品営業（御用聞き営業）のように、足で稼いだリードを複数持つことが大事ではありません。ソリューション営業（顧客ニーズに合った商品やサービスを探す商品物色営業）のように、他社の商品知識を詳細まで知る必要もありません。強く求められるのは、担当会社の詳細な状況把握とそれを自社商品にいかに結びつけるかというシミュレーションの秀逸さだったのです。

40 顧客からどう見られているか

自社の営業スタイルは顧客からどう見られていますか

○あなたの会社の営業スタイルは、顧客から嫌われていないか

顧客が望む営業スタイルは、世の中の状況や商品の枯渇観によって変わります。世の中に物がなく、需要が膨らんでいる時代は、できるだけ早く顕在ニーズに対応してくれる御用聞き営業か提案型営業スタイルが望まれます。逆に物が余り、需要がしぼんでいる時代は、自分がまだ知らず、気づかせてくれれば必要と思うもの以外には興味が湧かず、コンサルティング営業かソリューション営業が望まれるでしょう。しかし、日本の企業の多くが、需要が膨らんできた時代を勝ち抜いてきた企業です。そこで培われてきた価値基準を持っています。たまたま新たな需要が膨らんでいる領域の商品開発に成功した企業は、需要が膨らんできた時代に培われた価値基準に合った営業スタイルのままでも、顧客に喜ばれているでしょう。ただ、多くの企業は、商品改良や顧客ニーズに合った商品やサービスを探すことを求められ、コンサルティング営業やソリューション営業への転換を余儀なくなされています。これは、自社の商品開発力やマーケティング力、ひ

いては多角化戦略力が弱いともいえるのですが、営業部門からそこに影響力を及ぼせる企業は多くありません。状況に合わない営業スタイルは、顧客から敬遠されて当然です。

○顧客に好ましく思われるには、いま何を積み重ねるべきか

潜在ニーズに対応するためには、顧客状況の詳細を知る力が必要になります。あわせて、打ち手に効果があるかどうかを吟味できる力量も問われます。より顧客の状況を知り、自社の商品やサービスのどこをどう改良すればお役に立てるのか、また自社にはないどの商品やサービスならお役に立てるのかを見極める目、それを支える経験や知識を積み上げる努力が必要なのです。

顧客もどうすればいいか悩んでいます。需要が減っていく、ほしいものがない。そんな状況で、自社商品やサービスにすぐ当てはめる、またそれを押し売りしてくるのでは話になりません。「貴社の状況はこうですね。改善されるべきところはここじゃないですか。それなら、たまたまうちのこの商品をこう改良すればぴったりです」「あなたってこうよね。こうするのが理想と思っているわよね。じゃこれを使えばぴったりよ」といったように結論にいきつくまでの過程を、とても慎重に、そして丁寧に、しかも明確に、できれば顧客に関係のあるストーリーで示せてこそ、顧客は心地よく感じます。

41

営業スタイルの見直し

あなたや会社がこれから身につけるべきことは

○自社の価値基準を生かしながら顧客が望むスタイルに合わせるには

皆さんが大切にしてきた、またこれからも大切にしていきたい価値基準をいきなり変更することはできません。それを無視して、営業戦略や戦術を組み立てても意味がありません。大切なことは、その価値基準をふまえたうえで、顧客が望むスタイルとの統合を図ることです。コンサルティング営業やソリューション営業を志向しようとすれば、当然、営業の力量を上げなければなりません。採用基準を上げ、頭がよく、身体活動性が高く、しかもよく働く営業マンをそろえるか、もしくは営業企画を充実させ、今の営業マンが、顧客の潜在ニーズを拾ってこられて、それを商品改良や他社の商品と結びつけられるように、営業パターンの錬磨、営業アライアンスの充実、それに沿ったスクリプトの徹底など、山のように営業マン教育をしなければなりません。当事者である営業部隊の皆さんは、その力量アップに覚悟して取り組むことが必要になります。

潜在ニーズを拾い、自社の商品やサービスに結びつける力をつけます。改良を申し出て、それを社内で通す力もいります。また、他社にアライアンスを申し出て、自社にも活動に見合う利益が残るように交渉する力も必要です。

○顧客ニーズの先取りができる仕組みを作ろう

営業部隊が変貌をとげることで、今までの価値基準も生きてきます。商品やサービス、また技術力を通じて、顧客に驚きや感動を与えることこそが、自分たちの存在意義であるなら、営業部隊は変化する顧客の要望をつかみ、それをマーケや商品開発につなぐ役割を果たすべきです。もともと潜在ニーズに対応することが自分たちの存在意義である企業なら、さらに顧客の中に入り込み顧客がやれないことをその企業内で実現する役割を担うことです。今までのしがらみがあり、人事部長や宣伝部長、技術部長が価値観変革の旗を振れない場合も、その下の採用課長やＰＲ課長、技術開発課長は、その変革を肩代わりし、営業部と一緒にその変革につき合ってほしいと思います。社内の仕組みはなかなか営業部だけでは作り上げることができません。他の部署と連携することで、従来の価値基準を守りながら、顧客の変化にも対応できます。顧客ニーズの先取りをするのです。でないと、その価値を愛している人は、他社に転職してしまいます。せっかく力をつけた仲間が転職していくのは、会社にとって大きな損失です。

チェックポイント

あなたの言葉で、言語化(概念化)してみましょう。それを、もう一度本文を読みながら内省しましょう。そうすることで、力がつきます。もう一段、実力が上がります。

☑あなたの人生で今まで大切にしてきたことは何でしたか

☑あなたの大切にしてきたことを作り上げたあなたの考え方の習慣は何ですか

☑あなたのその習慣は、今の営業スタイルにどう影響を及ぼしていますか

☑あなたの会社の沿革で、会社の今を象徴している出来事は何ですか

☑あなたの会社は、なぜその出来事を起こしたのでしょう。その目的がわかりますか

☑あなたの会社は、必勝パターンといわれる営業スタイルを持っていますか

☑あなたの会社の必勝パターンは、顧客からどう思われていますか

☑あなたの会社の営業習慣で変えるべきものはありますか。どう変えればいいでしょうか

第5章

[顧客価値を上げる]
顧客や競合から
どう見られたいか

42 自分の立ち位置を知る

自分の営業の特徴（強み・弱み）を説明できますか

○競合（ライバル社）に比べて自社が選ばれる理由は？

顧客が、ライバル社ではなく自社を選ぶ理由のことを顧客価値といいます。自社がターゲットにしている顧客群の中で、自社商品やサービスが存在している立ち位置と考えてください。自社の商品・サービスにも、ライバル社の商品・サービスにも、それぞれ特徴があります。その特徴は、あるターゲットに選ばれるとき、強み・弱みに変換され、選択の判断基準になります。この判断基準を言語化したものが顧客価値です。それがターゲット内で際立って優れていると選ばれる確率が上がります。例えば、チョコレートを製品化している会社が3社しかないとして、A社は、カカオたっぷりのビター味で高価、B社は、カカオはそんなに入っていないけれどビター味で廉価、C社は、ミルクたっぷりで甘く適価が特徴だとします。このとき、ターゲットを子供としたら、選ばれるのは多くはC社ということになります。C社だけが、子供が食べやすいという判断基準に照らし合わせたときにミルクたっぷりで甘いという理由で強みになり、優れていると判断されるからです。これが、チョコレート市場で、ターゲットを子供にしたときのＣ社の顧客価値ということになります。選ばれる理由です。

○３Ｃ分析を自分の立ち位置発見に使う

Customer（ターゲット）、Company（自社の特徴）、Competitor（ライバルの特徴）から、顧客価値（自社が選ばれる理由）を考える手法が３Ｃ分析です。これを、自分が狙っている企業からライバル社の営業マンに比べて選ばれる理由、また社内で会社や上司からライバルの同僚に比べて評価される理由に置き換えて考えます。昔から、人間はこの立ち位置がなくなれば、組織の中では生きていけませんでした。男は狩りをして獲物を得る。女は子供を産み家を守る。老人は生きていく知恵を授ける。というように、それぞれ役割、つまり組織内の立ち位置を持っていました。老いても知恵を授けられない人は山に捨てられることもあったそうです。厳しいいい方かもしれませんが、それは現代でも同じことで、立ち位置のなくなった人は、本当に捨てられることはないかもしれませんが、クビにならないだけで、死に体になるという点では同じです。人間社会は、進歩を前提にすれば、常に切磋琢磨が原則です。はっきりとした自分の立ち位置を作りましょう。それには、まず自分の特徴（強み・弱み）の認識から始めてください。

43 他人からの評価

あなたを認めてくれる人は誰で、何を評価されていますか

○ターゲットの状況で判断基準は変わる

自分の立ち位置を決めるのは他人です。つまり、ターゲットと決めた人から見て、自分が選ばれるとしたら、どんな選択基準にかなっているかを考えるのです。営業マンとして多くの人が意識するのは、自分の顧客たちから選択されるかと、上司にどう評価されるかです。

まず顧客たちから選ばれるために必要なのは、そこが、発展途上マーケットなのか、成長マーケットなのか、成熟マーケットなのか、衰退マーケットなのか、マーケットステージを判断することです。発展途上マーケットであれば提案内容より関係構築やアプローチの方法がまず気になるでしょうし、成長マーケットなら提案までの段取りやそこに至るまでの熱意などを気にするでしょう。成熟マーケットなら提案内容や納品時の完璧さ、衰退マーケットならアフターフォローの良し悪しなどを気にするはずです。これは、上司にもいえることです。着任早々の自信なさげな上司なら頻度多く説明してあげること、成長著しい自信をつけ始めた上司なら段取りや情熱、

ベテランで慣れた上司なら打ち手の豊富さを、去りゆく上司は情の深さを期待しているはずです。

○ターゲットの気質も気にかけるべし

ステージ以外にも、会社全体の気質や、顧客担当者や決裁者、また上司や上司に助言するリーダー個人の気質の違いも気にかけるべきです。気質の違いは好き嫌いに反映され、選択の基準につながります。気質は大きく次の４つに分類されます。スピード重視、きめ細やかさ重視、情熱重視、訪問頻度重視です。もちろん、このうち複数を求める人もいますが、何を一番重視しているかは、必ずあるはずです。スピード重視の企業に、提案内容を練り上げるのに何週間も時間をかけて、訪問を先延ばしにしていたのでは、失注は目に見えています。きっちり分析のされたきめ細やかな提案を望む企業に、いくら頻度多く訪問しても、また情熱を訴えてもまったく相手にしてもらえないでしょう。優柔不断でころころとやりたいことが変わる企業は、頻度多く接しないと他の努力は無駄になりますし、提案の良し悪しより営業マンの情熱で決める、もしくは押し切られる企業も多く存在しています。このように、あなたが勝負をかける前に、ターゲットの気質もしっかり分析しましょう。

44 ライバルの特徴 ライバルの営業の特徴は何ですか

○複数回激突するライバル社の営業の特徴を顧客から聞き出す

営業マンにとって、ライバル社の営業の特徴は、最も気になるところです。スピードで勝負してくるのか、提案内容のきめ細やかさでくるのか、営業としての情熱があるタイプなのか、それとも訪問頻度が多いのか。もちろんターゲットの状況に合わせることが重要ですが、ライバル社の営業とは、これから何度も当たります。その特徴もつかみましょう。

まず、顧客からライバル社の情報を得ることを考えます。ライバルの存在の有無、1回目から2回目訪問の間隔、企画書の中身・内容、担当者のとらえ方（インパクトがあったか）など、もちろん、いま商談になっているところから聞くことができればそれだけで、こちらが優位に運ぶことが可能です。しかし、商談中ということで、こちらが優位でなければ、なかなか教えてくれないこともあります。

必ずすべきは、商談に勝ったとき、それから負けたときにできうる限りの情報を集めることです。私は、前述以外にも、紹介で来たのか単独で来たのか、上司を連れて来たか、それは何回目だったか、その上司はどんな人だったかを確認しました。企画書もできるだけ入手し、値引きの方法やプレゼンの方法など、ライバル社のくせを見つけていました。

○社内のライバルもたくさんヒントを持っている

社内のライバルも分析すべきです。私は時々取材させてもらっていました。売れている営業マンには必ずよさがあるものです。また、そのマーケットに合った行動をしています。彼の活動内容を聞いたり、企画書を見せてもらうことで、彼がなぜ売れているのかを分析し、いいところは真似る、違いを作れるところは作らねばなりません。かつて、ある売れている営業マンにその理由を確認に行くと、とにかく顧客を待たせず提案することが肝要、その場で次の約束をとり、その間も電話で質問して興味をそらさないという情報を得ました。彼の1回目から2回目訪問の間隔、つまりヒアリングから提案までの間隔が短いのは、提案の雛型を上司と一緒に作成しており、1回目に聞いた情報をそれに差し込むだけになっているからだという説明でした。そのことを聴いた私は、まったく同じ行動をとり、しかも彼の雛型を改良し、市場分析を入れるように工夫しました。そして、2回目の訪問には、できるだけ上司に同行を依頼し、3回目の訪問時には上司が認めた条件を持って行ったのでした。

45 選ばれる特徴は

あなたが創り出せるライバルとの違いは何ですか

●あなたの担当する顧客たち、また会社全体から選ばれる存在になろう

1人の顧客、また1人の上司から選ばれる理由を作り出すことも大事ですが、あなたが目指すべきは、あなたの担当している顧客たち、または所属している会社全体から選ばれる存在になることです。ライバルのいいところを真似するだけでは、違いは作れません。いいところは盗んで自分のものとするだけでなく、それを超えて、格段の差がつくくらいのものにしないと、違いとはいい切れないでしょう。顧客たちの側から見て営業マンが作り出せる違いは、関係性と提供価値の2つです。関係性とは、「どれぐらい知られているか」と、「一緒に何かをして動かし動かされるいい関係になったか」の掛け算で測ります。提供価値には感覚的な価値と機能的な価値の2つがあります。そして、商品自体の中身は別にして、商品の提供方法や顧客対応時に営業マンとしての差が出ます。そこで感覚的にいい、機能的にいいと顧客に感じさせられるかが勝負です。

所属している会社全体から見たときの差は営業実績と営業プロセスです。実績のある人は明らかに差別化されていますし、営業プロセスは、スピード、きめ細やかさ、熱意、頻度が際立つよ

うに仕組み化されていれば、皆が認めるすぐには真似できない差となります。

○やるか、やらないか、その差が最も大きい

営業マンの最も大きな差を作り出すエンジンは、すぐにやるという行動力です。関係性が大事だということは理解しても、実際、顧客たちの間で圧倒的に知られるところまで努力をする人は少ないです。提供方法や顧客対応時も、その時に思いつくますすぐに行動できても、それを仕組み化でき、もっと価値高く、他を圧倒できるようになるまでみがく人はまれです。会社から与えられた業務が忙しいとか、何だかんだと言い訳を作ってすぐに取り組もうとしません。だからこそですが、多くの営業マンが立ち位置を持たない将来が不安な人たちになってしまいます。

あなたは、そうならないように、すぐやる、そしてそれを続ける、人との違いになるまでやり続けるという習慣を身につけましょう。この行動の習慣こそ、あなたが創り出せるライバルとの違いの源です。この領域で圧倒的な実績がある。彼は、いつも情報収集し、分類し、いつでも使える知識の棚を持っているので、プロセス全体にものすごくスピードがあるなど、人との違いは、まずは今すぐにやるという行動力から始まるのです。

46 あなたの強みは なぜ、あなたはできて、ライバルはできないのでしょうか

○最初の差は努力を続けると届かない差となる

あなたが関係性と提供価値において、際立った選ばれる理由、つまり顧客価値を一度創り出せたとすると、ライバルはそれを真似するのに途方もない労力が必要になります。なぜなら、あなたの顧客価値は、もはや差異のレベルではなく1つの仕組みと一体になっているからです。関係性で際立ったということは、その顧客たちの中で知名度や評判のよさがあり、紹介が入る仕組みが出来上がり、商品やサービスを提供することで得られる納品やアフターフォローの経験を数多く有していることになります。スピードで圧倒できる提供価値を持っているということは、常に情報収集し、分類し、いつでも使えるように仕分けして、ものすごいスピードで作り出せる知識の棚を持っているということで、情報収集するルートの豊富さ、分類や仕分けの知識、知識を引き出せるコツを有しているということです。

ライバルが追いつこうと必死で努力しても、その間に放物線を描くように差を広げて、あなた

はさらに前に行くことが可能です。ライバルがもし追いつこうと思うならば、ターゲットを大きく変更したり、極度に絞り込んだりして、それまでと違う土俵で戦うしかありません。

○ライバルは、立ち位置になる前に叩くのが鉄則

あなたは、もしライバルが違う価値で勝負してきたとき、まだその違いが差異レベルのときに、必ず真似して自分の顧客価値に取り入れ、それが差異でないようにしなければなりません。もしあなたが、ライバルがさらに追いつけないようにしようと、自分の価値をみがく方向にだけ努力をし、ライバルが勝負している価値を無視していると、いつの間にか違う立ち位置を作られてしまうということを理解すべきです。ライバルの方からすると、ターゲットに受け入れられる価値を発見し、最初の努力を重ねる間、あなたに気づかれなければ、その価値ではあなたと同じように放物線を描くような差を広げる仕組みを作り上げた、違う立ち位置を作るのに成功したということになります。そこまできて、あなたがあわてて、ライバルと同じ土俵で戦い始めたら、その価値では、すでに放物線を描くような差が開いているので、今度はあなたが後塵を拝することになるでしょう。あなたは、決してライバルを侮ることなく観察を続け、いいところはすぐ取り入れなければならないのです。

47 自社の立ち位置を知る

自社の営業の特徴（強み・弱み）を説明できますか

○本来の営業の役割を理解したうえで、その特徴をつかもう

今度は、あなたではなく自社の営業を３Ｃ分析し、自社の顧客価値を明らかにしてみましょう。自社の顧客価値、ライバル社に比べて顧客に選ばれる理由は、顧客との接点、つまり営業に集約されます。本来、営業とは、業を営むと書き、売る行為だけをいうのではありません。顧客のニーズを理解し、商品を企画し、それを伝えるマーケティング活動を担い、売買行為を実践し、この一連の行為に責任を持つことを意味します。

さらに、営業マンと販売員の違いは、その行為に顧客のもとまで出かけていって主体的に関わるか、顧客が来るのを待ち受動的に関わるのかの違いでした。だからこそ、販売員は、顧客が自社のことをある程度知っていることを前提にして、顧客が望むものを、顧客観察を通じて、できるだけ早く提供し、回転率よく売りさばくことが要求されます。一方、営業マンは、自社のことを知らない顧客に自社のあり方や自分の役割を説明し、共感を得たうえで、自社商品を説明する

ところから始めます。その過程で顧客ニーズを把握し、商品や取引条件をアレンジして、決定に向けて交渉し、納品や料金回収、次の商談づくりまで参加します。もちろん、儲けも考えます。

○特徴は抽象的でなく、具体的にとらえないと、その後の判断を誤る

自社の営業の特徴を考えるとき、商品・サービスに関わるものなのか、マーケティング活動に関わるものなのか、売買行為に関わるものなのかを分けて考えることが必要になります。それに加えて、会社自身のブランドや評判の力も視野に入れる方がよいでしょう。そう考えたときに、自社の営業の特徴は何でしょうか。ポイントは具体的に考えることです。

太平洋戦争時の日本兵の特徴を考えた場合に、「大和魂を持ち合わせているから圧倒的に強いのだ」では、話が抽象的すぎて、その後の判断を誤ります。10年にわたる軍事教育で、撤退することが恥という概念が浸透しているので、最後まで戦いやすい。逆に陣地に固執する傾向にある。また国の経済事情により、質素倹約が染みつき、生活兵站は欧米に比べて少量で済む。訓練で銃剣による白兵戦には強いが、小柄なため基礎体力は劣る。銃撃戦になると武力の差でかなり厳しくなるというように、具体的にその特徴をとらえることが、戦略・戦術を考えるうえで、正しい判断を導き出します。

48 顧客は誰か 自社が狙うべき顧客はどんな会社（人）でしょう

○顧客ニーズは多様化しているので、まず市場を細分化しよう

自社の存在意義「あり方」や顧客の役に立つ行為が何なのかを知ることが、営業にとってとても大事だということはすでに説明しました。では、その存在意義「あり方」や役に立つ行為で共感を得てくれそうな顧客は、どんな顧客たちなのでしょうか。もちろん、こういう会社にしたいという「思い」が先行し、実態はまだこれからという場合でも、ターゲットは設定できます。

しかし、自社の存在意義のないターゲットを設定しても、繰り出す手段が場当たり的になり、顧客の役に立ち続けることが難しい状況に追い込まれるだけです。まず、市場を分けて（セグメント化して）考えなければなりません。分ける軸は、大まかにいうと、地理的要素、業種・業態と規模（年齢・性別・職業・所得など）の要素、企業特性（パーソナリティ）の要素、関係性の要素です。地理的とは、地域や行政単位、人口密度や気候なども関係します。業種・業態と規模とは、その業種・業態で大手なのか中堅なのか中小になるのかという分け方です。企業特性とは、オーナー企業なのかサラリーマン企業なのかや、企業の性格や企業のステージも関係します。関

係性は、利用頻度やロイヤリティや何を望むかなどを考えます。

○どこを狙えばいいのか、あなたのターゲットはどこか

このように、セグメント化された市場で狙いをつけて攻めるところがターゲットです。あなたの企業は、そのセグメントすべてを無差別に狙うのでしょうか。それとも複数のセグメントですか。あるいは、集中的に1つを狙いにいくのでしょうか。いい方を換えると、自社の存在意義「あり方」や顧客の役に立つ行為が通用しそうな顧客たちは、市場全体か、それとも複数か1つのセグメントかということです。市場全体なら、顧客のニーズに注目します。

かつてリクルートの採用市場の商品は、無差別にどの企業も必要でした。ですから市場を席捲するスピードが問われます。複数なら、市場ごとに差別化された異なる商品やサービスを提供できるかが勝負です。企業体力がものをいいます。集中するなら、外れや外敵に注意が必要です。失敗すればすべてをなくす可能性もあります。このように、営業マンは、自社が狙うべきところを意識して攻めなくてはいけません。野球でいうと「狙い球は絞れ」ということです。もちろん、企業の力量によって、狙いは全体や複数でも順番をつけるという戦術は考えられます。

49 競合を知る 競合の強み・弱みは何でしょう

○押さえるべきところを、視点を整理してとらえよう

競合の特徴も、商品・サービスに関わるものなのか、マーケティング活動に関わるものなのか、売買行為に関わるものなのかに分けて具体的にとらえる必要があります。いろいろな特徴があると思いますが、押さえるべきは、狙うべきターゲットに合わせて、競合の商品サービスは、顧客の何を解決しているのか、何を満足させているのか、また顧客にどんな利便性を与えているのか、そのマーケティング活動はどんなコミュニケーションをしているのか、そして売買行為に関しては、顧客にどういう支払いを要求するのかという視点です。

ソフトバンクが売り出した発売当時のｉＰｈｏｎｅでいえば、電話機能だけでなく、メールや生活・娯楽アプリの充実と使いやすさで、顧客のリテラシーを解決しつつ、新しいＩＴ機能に触れる高揚感を満足させ、ソフトバンクショップでそれが販売員による説明つきで手に入るという利便性を与えました。また、スティーブ・ジョブズによるアップルのコミュニケーションは、新時代を築くという強烈なものでしたが、ソフトバンクも白い犬で日本人が好むブームを作り上げ

ました。そして価格は、本体は月賦で通信料に含め、一時的な支払いを抑えました。

○顧客視点で見たときの特徴を加えて、具体的にしていく

気をつけなければならないのは、企業目線だけで自社や競合の強み・弱みを考えると目がくもるという点です。また押さえるべき視点が具体的にならず、抽象度が上がりすぎても、的確な特徴をつかめません。例えば、企業目線で特徴をとらえると、商品開発のスピードが速い。ブランド力がある。保証が充実している。全国に販売網がある。テレビコマーシャルのプロモーション。安めの価格設定方針という言葉になります。

本当は、商品開発のスピードが特徴であれば、それがどう速いかもっと具体的にとらえる必要があります。ですが、企業視点では、どこまでいっても、それが本当に顧客にどう効いているのかがつかめません。特徴をとらえるときは、企業目線に加えて、顧客から見たときの視点を加えて、それを言葉にしなければいけないのです。先ほどの商品開発のスピードの例でいうと、春先の入学シーズンに合わせて必ず新しい３機種を出し、他もデザインなどをマイナーチェンジし、「新しい感」を出すというようにです。競合の特徴は、企業の視点だけでなく、顧客から見てどうなのかをしっかりつかみましょう。

50

自社が選ばれる理由

自社が創り出せる競合との違いは何ですか

○顧客から見たときの印象こそが、競合との違いになる

大切なことは、ターゲットとした顧客の心の中に、自社の営業活動をどう印象づけるかという点です。ここでいう営業活動には、商品・サービス自体の顧客の印象、宣伝や広報や営業トークを含むコミュニケーション、そして売るために展開する行為すべてが含まれます。営業マンが実際に顧客に印象づけるという行為が、自社が選ばれる理由、つまり顧客価値を作り上げるのだと心に刻んでください。そうしないと、意図せずして、望ましくない印象を顧客が持ってしまうこともあります。それでは自社が優位になる立ち位置は作れません。

まず、自社の特徴と競合の特徴を比較します。そして、競合がターゲットの視点から見たときに好まれたいと思っている特徴を整理します。そのうえで、それとは明らかに違いを作れる観点を自社の特徴から引っ張り出したり、新たな自社の特徴にできないか考えます。考えるべき点は、「重要性」「独自性」「優越性」の3点です。

私のいたリクルートでは、商品は掲載料が他社より圧倒的に高いけれどそれ以上の驚くべき効

果があるという立ち位置を作っていました。顧客にとって効果は重要で、しかも1社だけが突出しており、仕組みの完成度も高かったのです。

○印象づけのミスは営業を非効率にする。一貫したもので勝負

競合との違いを印象づけるのに気をつけるべきことは、顧客視点で見たときに、まずそれが圧倒的な特徴なのかどうかという点です。中途半端な特徴は顧客の印象に残りません。例えば、かつて野村證券は、営業は業界一激しいけれど、業界一儲けさせてくれるといわれていました。

それから、あまりにも狭い範囲の顧客だけを相手にしているという印象も与えてはいけません。性能は抜群なのに、あまりにも高価で、中間の商品の用意がないということになれば、顧客のあきらめにつながり、確実にチャンスロスを引き起こします。営業という観点からいうと無駄が多く、発展が期待できません。さらに、一貫性のない印象を残すと、顧客が混乱し、全体的な印象が悪くなります。

当時のリクルートの商品で、掲載料は他社比較で安いけれど、効果（反応）も悪いという中途半端な商品はありませんでした。どんなに高価でも、効果（反応）を必ず出すという一貫したコンセプトが受けたのです。印象づけのミスは、営業ロスと同じです。

51 自社の強み なぜ、それを自社はできて、競合はできないのでしょうか

○逆張りの顧客価値は、顧客から見て、鮮明になりやすい

競合は競合で、そのターゲットから見た「重要性」「独自性」「優越性」のある顧客価値を作ろうと必死です。さらに企業収益には、2割の顧客が8割の収益を稼ぎ出すという「80対20の法則」があります。企業は、その2割のヘビーな顧客を満足させるために、今ある顧客価値をもっと強化しなければなりません。

ソフトバンクの携帯電話の、逆転攻勢が始まる前の状況を紹介しましょう。NTTドコモとauがシェア争いをし、ビジネスマンを中心に市場開拓途上にありました。よりつながる、安全な保証、ユニークな留守録など、ヘビーな顧客を満足させるためにコストを傾けていました。当時のソフトバンクはとにかくつながらないという悪評があり、どんどんシェアを落としていたのです。だからこそ、ターゲットをゴルフ場や地方出張の少ない都市部の若手ビジネスマンや主婦と学生に絞り込み、競合の基本料金月額を大幅に下回る、月額980円で、かつソフトバンク同士かけ放題というプランを出しました。山間部を除けば、アンテナの数は他社と拮抗していまし

た。ソフトバンクは、顧客から見て、圧倒的なコスト安になることによって、そのターゲット内での重要性を満たし、仲間間は無料という独自性と機種の充実で優越性を作りました。

○顧客価値は、ビジネス（構造）モデルを作りきってこそ生きる

ＮＴＴドコモとＫＤＤＩは、上場企業で高い収益を出していましたから、基本料金の値下げは収益悪化につながります。また、その収益を使った彼らの顧客価値づくりは、固定電話に対する利便性というところに集中していました。ターゲットを満足させている顧客価値の変更は急にはできません。このように、競合の逆張りの顧客価値は、相手にはすぐ真似できないということです。

ただ、ここでのポイントは、ソフトバンクが基本料金９８０円で成り立つビジネス構造（モデル）を創り出したということです。前述のリクルートは、高い値段をつける代わり、顧客にとって最も大事な効果を担保し続けました。高い値段をつけていただいたお金で、大学を回る部隊を編成し、リクルートの仕組みや企業アピールを学生に直接発信し続けました。競合他社は、顧客から見たコストの低さが売りでしたが、印象も中途半端で、効果という重要なポイントも満たさず、サービスにも独自性がありませんでした。リクルートを凌駕するビジネス構造（モデル）にはならなかったのです。顧客価値はビジネス構造（モデル）につなげてこそ、価値を発揮します。

52 自社の強みを伸ばす

その違いを鮮明にするために自社ができる努力は何ですか

○顧客価値を伝えきる。営業の役割は、そこにある

顧客価値は、顧客の鮮明な印象に残ってこそ威力を発揮します。そのために営業は、顧客価値創造に関わり、それを伝え、その価値で納得を得なければなりません。営業マンの立場からすると、自分の力で顧客に価値をしっかり理解してもらうということです。

まず営業マンであるあなたが、顧客のニーズに敏感になることが大切です。それを上層部や商品企画の部署に正確に伝えること、また顧客の課題や問題解決に要する知識やスキルをみがき蓄積することです。さらにあなたが営業リーダーならば、意見を取りまとめ集約することと営業マンがそうした活動をしやすくなるように支援します。そして上層部は、企業や事業のあり方や目的を明示し、顧客価値に紐づくビジネス構造（モデル）を作り上げ、営業メンバー全体を動機づけなければならないでしょう。企業は本来、このことを営業任せにしたり、営業を置き去りにしてやるのではなく、営業と連携し、社員全員で取り組むようにしなければなりません。その状況を作るために、それぞれの役割を発揮できるような習慣を、それぞれの部署での継続した意識づけと訓練によって勝ち取るのです。

○顧客に有効なことを考え、全員営業でやりきる

営業マンは、顧客価値が鮮明に印象に残るような有効な行動を自律的に考えて実行できるようになることがゴールです。上位者が決めたことを効率的に行うことをゴールにしてはいけません。市場は刻一刻と変化します。それに伴い、ターゲットの状況も変わります。今まで機能していた戦略は、いずれは陳腐化するということを肝に銘じなければならないのです。そのため営業マンは、今までのことを効率よくやるという行為が、顧客に対して有効性を失うことがあることを意識しておきましょう。

営業マンは、常に顧客に有効なことを考え、それを実行するのが役割です。それには、常に自社や自身のあり方を考えて「思い」を強くし、実行するプロセスを考え、大事にしてきたことに目を向け、競合に勝るということを考え抜くこと。それに合わせて戦略を練り、その戦略に合わせた戦術にコミットして行動することです。この有効性を考えるプロセスこそが、真の効率性を生んでいきます。自社の努力は社員全員を巻き込んで、この真の効率性獲得に向かわねばなりません。

チェックポイント

あなたの言葉で、言語化(概念化)してみましょう。それを、もう一度本文を読みながら内省しましょう。そうすることで、力がつきます。もう一段、実力が上がります。

☑あなたは顧客価値とは何か正確に答えられますか

☑あなたを評価してれる人は、どんな特徴がありますか

☑あなたのライバルはどんな人ですか。その方は社内の人ですか、それとも社外の人ですか

☑あなたはライバルに比べて何で選ばれようとしていますか

☑あなたの顧客価値は、評価してくれる人から見て、圧倒的な差異となっているでしょうか

☑あなたの会社の営業部隊の特徴（強み・弱み）は何ですか

☑あなたの会社の営業部隊が最も狙うべきターゲットはどこで、どんな特徴を持っていますか

☑あなたの会社の営業部隊の競合はどこで、そこはどんな特徴を持っていますか

☑あなたの会社は、競合と比べて顧客から何で選ばれたいですか

☑あなたの会社の顧客価値は、競合には真似できないものですか。それはなぜですか

☑あなたの会社の営業部隊は、顧客価値を顧客に伝えたり、みがいたりする努力をしていますか

第6章

[営業戦略を立てる]

自分・自社と現実を結びつける

53 営業方針の確認 あなたの営業方針は、現実に則し、具体的ですか

○あなたの強い「思い」に立ち返って考えてみよう

「売上を必ず達成する」「見込み客を何社作る」「アフターフォローの充実」——営業方針は何かと聞かれたら、多くの営業マンはこのように答えるでしょう。しかし、ここまで読み進めてきた人なら、すぐに理解できるかと思いますが、そう掲げた営業方針が、あなたの置かれている状況に則しているかどうかをまずもって考えるべきでしょう。さらにいうと、あなたが日々、お客様とのやり取りの中で、取り組むべきことは何なのかをもっと具体的にしましょうということです。

人は、背伸びしても届かない目標をあえて口に出すことで、自己の責任を回避しようとします。それでは意味がありません。自分の実力が上がる、成長を実感できる、そんな目標から方針は作られるべきです。まず、いま一度、自分の「思い」を明らかにしましょう。自分はこうあるべきだ、こうありたいと強く思えるものです。次に、自分の営業プロセスをいま一度確認し、自分の「思い」に照らし合わせて、欠けているところ、もっと重点的に取り組まなければならないところをチェックします。そして、自分が大切にしてきたもの（価値基準）と自分が創りたい立ち位

置（顧客価値）を認識し直しましょう。

○営業方針は、あなたの実力より少し上でなければ成長はない

「自分の営業を専門性といえるまで高めたい」という強い「思い」を明らかにできたら、昨年の実績が○○万円だから、実力の飛躍という意味でその１５０％を年目標とし、自分の立ち位置を意識したリーダーとしての自覚と使命を果たすためにはと考え、毎月の目標も12カ月連続で達成するとか、今まで中小企業の実績が多いので、従業員１０００人以上の大手企業の見込み客を毎月3社以上作るとか、アフターフォロー時に、次の課題（商談）を拾ってくることができないので、必ず納品時に顧客の次の課題を作るとか、自身の営業方針は、その「思い」に到達しようとしてより具体的になっていくはずです。そのうえで、その具体的になった方針を達成できたら、あなたの実力が上がったといえるか、成長できたといえるかも自ら問いかけましょう。もし、その具体的にした方針が、あなたの実力より少し上だけれど、がんばったらなんとかなる、必死でやったらものにできそうだというものなら合格です。もし、評価をやたら気にして、実力通りやっていれば達成できそうな目標や、もとから達成をあきらめてあなたの実力よりはるかに上の目標を掲げるようなら、あなたの望むような成長は望めません。

54

周囲の期待

上司、仲間、取引先は、あなたに何を期待しているでしょうか

○期待されていることと、やりたいことの合致が強い立ち位置になる

あなたのこうありたい、こうあるべきだという「思い」をいま一度明らかにしたら、あなたの営業プロセスを分解し、その「思い」を達成するには、どこの知識が不足しているかを確認しましょう。そして、その次にやるべきことは、習慣の見直しです。自分が今まで大事にしてきた価値観を作ってきた習慣は、その「思い」に則しているでしょうか。即しているならよし、そうでなければ、あなたの行動がその習慣になるまで矯正しないといけません。

あるところまでいきたいという強い「思い」があるのに、いつも悲観的に考え妥協してしまうくせのある人は、そのままでは絶対に「思い」のところまでいけません。どんな状況に直面しても前向きに考えることが当たり前になるまでの意識変革が必要です。さらに、その「思い」を実現するためのあなたの立ち位置、つまりライバルに比べてあなたが選ばれる理由を考えてください。それには、上司、仲間、取引先はあなたに何を期待しているのかを考えることが役に立ちま

す。あなたにこうなってほしいと望んでいることが、あなた自身もやりたいと望むことなら、それがあなたの立ち位置です。

○ライバルに教えを乞いながら、自分の立ち位置を考える

社内から何を期待されているかという点でいうと、リーダー役なのか、そのリーダーを支える補佐役、つまりメンバーとリーダーの間を取り持つ役割なのか、それとも、１人でガンガン売ってくるスーパーセールスタイプなのか、また冷静にいろいろなことを分析できるアナライザーか、そんな期待が予想できます。顧客からは、ライバルの営業と比較して、もっと人間関係を含めて関係構築をしてほしいのか、それとももっと訪問頻度を上げて一緒に行動してほしいのか、それともいい提案を連続して持ってきてほしいのか、また、しっかりした市場分析や顧客分析をしてほしいのか、その期待される立ち位置はライバルに差をつける大きな要因となります。

それを知るためには、取引先にライバルのいいところと改善してほしいところを聞いてみるのはもちろんのこと、ライバルと接触し、どんな営業展開をしているのか教えを乞うのも１つの手段です。私は、強烈なライバルが出現すると、接触し仲良くなって、社内（課内）で勉強会をお願いしていました。敵を知り、立ち位置を探ったのです。

55 営業ポリシーをつくる

自身の営業ポリシーを3つ挙げるとしたら何でしょうか

○営業をしていくうえで、強烈に意識する心の拠りどころは何か

自身のあるべき姿、「思い」を体現し、自身の身につけるべき知識や習慣、そしてありたい立ち位置を考えたときに、自身がとるべき営業ポリシーは何でしょうか。営業ポリシーは目標とは違います。目標は、ある一定期間にこれだけのことをしたいという希望をいいますが、営業ポリシーは、その希望を実現するためのあなたの拠りどころ、つまり方針です。

月間の売上目標が1000万円だとすれば、それを「顧客との関係構築重視」で達成するのか、来月のことも考えて「アプローチ30件」をやりながら達成するのか、「スタッフを巻き込む」という手間暇をかけるのかなど、自分の行動に意味を持たせる、そのために首尾一貫しバラバラにならないようにするための自分の中の方向性をいいます。ですから、ただ単に、上司からいわれたことを並べるとか、思いつきで挙げてみるとかいう深く考えないものでは意味がありません。何度もいいますが、必ず、自分のあるべき姿、つまり理想に根差した、そしていま取り組まなけ

ればならない知識や知恵の習得や習慣の変更、そして、他者や他社を意識した立ち位置など、あなたの現実を強烈に意識した営業ポリシーを持つくせをつけましょう。

○営業ポリシーを実行するときの must do（しなければならないこと）を決めよう

営業は、自らの考えや判断で商談を動かす裁量権の大きい仕事です。顧客のニーズや要望を受け止め、それを自社の商品やサービスに結びつけて考え、料金や納期、また支払い条件や付帯サービスを考えて提案します。それを任されているあなたは、まず考える、そして判断するというくせをつけて、自らの力をつけていかねばなりません。加えて、その判断を実行に移して、その経験から得るものを増やすことこそ、実力アップにつながります。前述のように、まず自分の営業方針を3つ決めたら、次にどこまで達成するのかという達成要件を決めます。「顧客との関係構築重視」という方針なら、「担当者の個人情報のほとんどを知り合う会社を5社作る」という具体的な must do が達成要件となります。さらに、その打ち手として、例えば「毎週3回ランチを、そして1回は飲みの席を設ける」という実行策を決めます。また、付帯情報として、「接待費は、ランチならOK、夜は要相談なので自腹でも行く」などと整理しておくと覚悟が決まりやすくなります。営業ポリシーは、実行して初めてあなたの力となります。

56

成功をイメージする

その営業ポリシーを実現できたら、あなたはどうなるのでしょうか

○あなたの営業ポリシーの実現は、あなたの「思い」に近づくものか

多くの人は、上司に指摘されたこと、客先で起こった出来事に反応しがちです。もしあなたが新入社員で、その「思い」がとにかく一流のビジネスマンになること、そして、最初の営業ポリシーが上司のいうことをとにかくやってみるということなら、それでいいと思います。しかし中堅社員になり、自分の判断で物事をなさねばならない立場になったなら、それでは困ります。また、評価を上げることが「思い」に近づくための手段であればいいのですが、評価を上げることだけが目的化されると、顧客に何をなすのかという本来の目的から離れてしまいます。あなたは、あなたの「思い」に近づくためにいま何をすべきなのか、ここに強烈にコミットしてください。営業ポリシーもまた、あなたの会社、事業はこうあるべき、そのためにはあなたはこんな役割を果たすべき、またこんな人間になっていくべきという強い「思い」に立ち戻るべきなのです。営業ポリシーを表にすると次ページのようになります。

	達成要件	打ち手	付帯情報
顧客との関係構築重視	担当者の個人情報のほとんどを知り合う会社を5社作る	毎週3回ランチを、そして1回は飲みの席を設ける	接待費は、ランチならOK、夜は要相談なので自腹でも行く
アプローチ30件	新規ややり直しも含めて、月間で30件は、アプローチを実施する	常に100件のリストを見直し、優先順位を毎日見直す。1日メール5件は絶対やる	先輩の残していったリストが200件ある。その見直しは今月中にやる
スタッフを巻き込む	C社とD社にマーケティング部の社員を同行させる。新商品開発のための情報を入手する	C社、D社の責任者に、マーケティング部の課長の同行を実施する。事前情報はこちらが準備する	マーケティング部は秋までに、新商品開発をもくろんでいる

○営業ポリシーの打ち手は順番があり、具体的かつ実現可能でなければならない

ある一定の期間の中で、営業ポリシーを複数持つということ、それの達成要件を決めること、そしてそれを実際にやるための打ち手、その覚悟を決めるための付帯情報を整理する――それが、「思い」からずれておらず、あなたの知識や習慣、また立ち位置など、現実を直視したものになっているという確信があれば、あとは打ち手をどうみがくかに集中しましょう。実現不可能な、つまりリアリティのない打ち手では意味がありません。打ち手は常に順番があり、具体的なものであるべきです。

実はこのリアリティをみがくということがとても難しいのです。上司（リーダー）としての力量の差はここに集約されているといっても過言ではありません。この打ち手のみがき方については次の章で詳しくお話しします。

57 営業戦略とそのビジョン

自社の営業戦略の成り立ちと中身を説明できますか

もし上司が立てる営業戦略が場当たり的でないならば、必ずその成り立ちと中身があるはずです。成り立ちとは、自社のあるべき姿から、仕事のプロセスに付随する知識・知恵、自社が大切にしてきたもの、そして競合に比べたときの顧客価値などを考え、こういう方向でいこうと考えだした道筋のことです。中身とは、どこまで達成すべきなのかという達成要件とその具体的な打ち手、そしてそれを導き出した付帯情報のことです。自分の営業ポリシーも同じように導き出し、実行策に落とし込んだなら、自社の営業戦略も同じように紐解いて理解してみましょう。何度も繰り返し説明しているように、営業の実践を繰り返す前に、あるべき理想を明らかにし、越えなければならない現実に目を向けながら営業の方針を決め、それをリアリティのある実行策に落とし込むという考え方を身につけてほしいのです。

○自社の営業戦略を自分のポリシーと同じように理解しよう

当社は、こういうことを目指していて、今ある現実がこうであるので、こういう営業戦略と戦術で戦おうとしていますとはっきりと答えられればＯＫです。自社の営業戦略が、場当たり的なものなら、組織のみんなが共有すべきものにはなりえていないはずです。

○場当たり的とはどういうことかを理解し、自分のポリシーにも当てはめてみよう

場当たり的な戦略の典型的なものが、昨年がこうだったから今年はこうだ、という前年度比較何％アップというものです。もちろん、それに至る根拠がしっかりしていればいいのですが、ほとんどは根拠なく慣性的に決められます。昨年の結果が悪ければアップ率を高く、昨年が良ければアップ率を抑え気味にしようというものです。

社内で自部署がどう映るか、その評価だけを気にした典型的なやり方です。また、他社の戦略がこうだから、それと違う方向やそれと似ているが少し違う方向へと決められることもあります。これも、絶好調の他社を意識しているという社内的アピールでしかありません。さらに、自社の大切にしてきたものを原点回帰という方向で出される方針も気をつけなければなりません。確かに、野放図になった戦略を一度引き締めるという面では効果はあります。しかし、引き締めた後どうするのかという意図がなければ、対症療法的ということに変わりはありません。引き締め直後はいい方向に向かいますが、そのまま放置すると、引き締め前より状況が悪くなります。

58

営業戦略の中の自分

自社の営業戦略の中で自分の役割を理解していますか

○自社の営業戦略と自分の営業ポリシーの統合を図る

自社の営業戦略が理解できたら、その中で自分はどういう役割なのかを考えてみましょう。自社はこうあるべきという理想を実現するために、現実の状況に照らし合わせて考えられた方針、つまりみんなが理解すべき拠りどころが営業戦略です。強い組織とは、その営業戦略を実行していくのに、各自がその役割をしっかり理解し、実行している組織です。

営業戦略が、「月間目標の連続達成」「大手組織攻略」「新商品開発」だとすれば、月間目標で自分だけが大きく外し、他人に迷惑をかけることはできません。「まずは、着実な達成だ。それから大手組織攻略というならば、C社とD社は自分が担当だ。何としても決めねばならない。営業進捗のすべてを上司と相談して必死になって攻略するぞ。新商品開発も、F社とG社は関連する。積極的に訪問して、情報をマーケティング部につなごう。できれば期間中に同行してもらおう。期末になるとできなくなるから、この仕事は早めの着手が大事」――というように自分の役割が見えてくるはずです。そして、自分の営業ポリシーと統合し、どのような行動をとればよいか考えます。片方を自分の言い訳にせず、両方取り組みます。

○役割を認識しながら、自分の営業ポリシーも実行することが、組織長になる練習となる

自分の営業ポリシーが「顧客との関係構築重視」「アプローチ30件」「スタッフを巻き込む」という3つなら、「C社とD社は、担当者に限らず、決裁ルートに関わる人の個人情報を入手し、それぞれの人と仲良くなる。また、自分は担当者と、上司は担当者の上司というように、組織的につながるお膳立てをする。そして、スタッフを巻き込むならば、新商品開発で、マーケティング部の役に立てると貸しができる。他の案件でも助けてもらえるきっかけを作ろう。また、大手攻略だけに注力しすぎると、それが期間中にできなかったときのリスクが大きい。必ず、アプローチ30件はやって、月間目標を着実に達成するための小さめの商談も複数作ろう」――というようにしていくのが、自組織の営業戦略との統合です。これこそが、自分が上司になったとき、また組織での役割が上がったときの練習になります。組織には、こちらを立てればあちらが立たず、という葛藤が山のように起こります。組織長は、その葛藤を統合して、こうしようという決断を下さなければなりません。そこから逃げることはできないのです。

59 顧客から見た戦略

顧客に自社の営業戦略はどう映っていますか

○営業戦略の実現が、我々の目指していることを顧客に印象づける

優れた組織は、自社の営業戦略の実行を通して、自社の実態を理想のあり方に近づけていきます。そして、その過程を通じて、競合との差異を明確にし、自社の習慣や大切な価値に影響を与え、他社が真似できないビジネスモデルを構築し、みがきます。営業戦略が成就するということを平たくいうと、営業と顧客とのやり取りの中で、その営業方針を顧客が心地よく思い、受け入れていってくれるということです。顧客にとって重要なことであり、しかも他社と違っており、そして優れているから受け入れようと思われることなのです。

例えば、ある業界の中でナンバーワンの評価を勝ち取り、自社商品を使うことをステータスに感じてもらうという強い「思い」、あり方の理想があったとします。そのうえで、「月間目標の連続達成」「大手組織攻略」「新商品開発」を営業戦略とし、それを実行していくと、「我々は安定した、業績を伸ばす会社だ」「大手企業に認められる立派な会社だ」「顧客を喜ばせる新商品を出し続ける会社だ」という思いが、まず営業部員、そして社員に浸透していきます。それを達成し

たあかつきには、実際にそうだという印象を顧客も持つことになります。

○もし、自社の営業戦略が場当たり的なら、あなたが翻訳し、シャドウ化する

もし、そんな誇らしい理想の営業戦略を持てたならば、あなたも積極的に自分の営業ポリシーと統合を図ろうとするでしょう。しかし自社の営業戦略が、とても場当たり的に思え、上司に説明を求めても、上司もその趣旨を理解しておらず、あなたが筋の通ったものに変更を求めようにも権限がなく、実績も不足しているというケースが多く存在します。

そういうときは、自分たちの営業戦略は、顧客に自分たちのあり方を示すものだという考えのもとに、「シャドウの営業戦略」を持つことをおすすめします。特に、営業効率を上げることだけが営業戦略になっている場合は、なぜそうするのかと考え、自分たちの言葉にしていく必要があります。例えば、「実績昨対比20％アップ」「（残業対策として）必ず19時退社」「受注までの訪問件数を3回以内に」という効率重視の戦略があったとすると、それを「研究開発重視の全社利益に貢献」「退社後の関係構築を実行」「プレゼン時、提案内容の充実」と、顧客との関わりの中で自分たちのあり方を説明する言葉に置き換えることが可能です。これがシャドウ化です。

60 追加して取り組むべきこと

今やるべき自部署の営業戦略を3つ挙げるとしたら何ですか

○営業戦略を自らも立ててみて、仲間と話し合ってみよう

もし、あなたが将来、営業部隊を率いていきたいという思いがあるならば、自部署の営業戦略を3つに整理し、達成要件を決め、その打ち手を考えて、付帯情報をそれぞれに加えてみましょう。少し上級者向けですが、とてもいい練習になるはずです。組織で行う営業は決して1人でするものではありません。みんなで、その戦略を実行しながら、理想のあり方へ近づいていくものです。「月間目標の連続達成」が戦略なら、「達成要件は、月間の利益と売上の両目標の達成、しかも前年を1%でもいいので四半期で超える」「打ち手は、新商品開発による大手攻略をやりとげ、それからあがる売上・利益を70%とする。また、それができるまでの間は、既存商談と中堅企業からの新規で獲得する」「付帯情報は、競合Aも新しい商品を秋には出す予定だ。それに向け人員増強中である」などと置いてみましょう。

そうすると、さらに自分の役割が明確になり、何を求められているかがよく理解できます。そ

して、組織内の気の置けない仲間と戦略のシャドウ化を話し合ってみましょう。戦略は常に上司が考えるもので、我々は実行あるのみと考えているなら、それは大間違いです。

○これからの営業マンは、自らも考えることが当たり前となる

状況があまり変化しないときの戦略には、スポーツでいうと野球型、音楽でいうとオーケストラ型が適しています。監督や指揮者がその方向性を決め、プレイヤーはその通りに動くだけです。しかし、変化の激しい状況に身を置くなら、サッカー型、ジャズバンド型が向いています。状況に合わせて選手が自らその方向を微妙に変えていき、目的を達成していくというものです。

変化の激しい状況に身を置く営業マンは、「上司が考える人、私はそれを実行する人」という考え方を捨てなければなりません。「上司が考えることを私も考えながら実行する。上司も場合によっては実行にまで巻き込む」くらいに考えておいていいと思います。営業は上意下達の体育会系が有利と思っていた人は残念かもしれませんが、これからの営業マンは、キャリアのかなり早い段階から、上司と一緒に、自部署の戦略や戦術まで考える力もつけなければなりません。思考停止は機能停止です。特に、抽象的な上司の言葉によく考えずにしたがうことはご法度です。その意味や根拠を自ら確かめるくせをつけましょう。

61

次のステージへ

その営業戦略を実現できたら、自部署はどんなステージに行くでしょう

○営業戦略の実行とは、企業の存在意義を明らかにすること

営業戦略は、会社のあるべき姿や自分のありたい姿、つまり「思い」の実現のために、組織としてみがいた営業プロセス上の知識や知恵、組織として大切にしてきたものや習慣、そして競合に比べていかに選ばれるかという顧客価値をふまえたうえで、営業部員及び、社員が何をすべきかを言葉にしたもの、それにどう関わればいいかをシナリオ化したものです。もう少しいいますと、やるべきことを整理し、それをどこまでやればよいのか（達成要件）、またどんな打ち手でやるのか、そして、その状況を共有する情報は何かを明らかにしたものということができます。

そして、それが達成できると、顧客は、あなたの会社のことを重要で、他社と違っていて、しかも優れていると思ってくれるようになります。自社の顧客になってくれたということです。

経営学の大家であるドラッカーは、企業は、社会や個人のニーズに応えるために存在し、営利はそのための手段と考える。企業の目的は、顧客を創造することであるといいました。顧客に満

足を与え続けられるかどうかが、企業の存在意義そのものだということです。営業戦略の実行は、存在意義を明らかにすることになります。

○企業が発展していくには、高い生産性と関わる人のやりがいが不可欠だ

もし営業戦略が自部署の生産性を高くし、関わる人がやりがいを持てるように練り込まれて設定されているとしたら、それは企業の「思い」を質高く実現し、その結果を出す過程も、関わる人が拠りどころとすべきことを実現しながらやれるものということになります。つまり、望む結果とプロセスを両方得ることができるということです。まことにすばらしい営業戦略です。利益をあげて従業員を満足させたり、次の投資を考えたりとできる源は、生産性の高い仕事ができるかということです。しかし、それを、非人間的な手段で達成しても意味がありません。みんなが成長し、やりがいを感じながらやれるかどうかが大事なところです。企業が考えるべきことは、この生産性とやりがいの2点を同時に達成することに集約されます。適切な営業戦略の実行は、この企業が考えるべき生産性とやりがいの同時実現といえるのです。より高みへ、さらに社会に役立つ企業というステージに立つために、目の前の営業戦略を練り込み、何としても達成し、一歩一歩前にいくことが大切です。

チェックポイント

あなたの言葉で、言語化(概念化)してみましょう。それを、もう一度本文を読みながら内省しましょう。そうすることで、力がつきます。もう一段、実力が上がります。

- ☑あなたの営業にかける「思い」(方針)は何ですか。言葉にして挙げてみてください
- ☑あなたの営業方針を実現するのに、見直すべき習慣はありますか
- ☑あなたの社内での立ち位置はどこか、また顧客からはどう思われたいのか、はっきり意識できていますか
- ☑あなたの営業ポリシーは何ですか。3つに整理してみましょう
- ☑あなたの会社の営業戦略は何ですか。どうしてそれができたか知っていますか
- ☑あなたの会社の営業戦略を実現するためのあなたの役割は何ですか
- ☑あなたの会社の営業戦略を、あなたの営業ポリシーと統合するとどうなりますか
- ☑あなたが考えるあなたの会社の営業戦略を3つにまとめるならどうなりますか
- ☑あなたの考えるあなたの会社の営業戦略は、あなたの会社の「思い」を実現するものですか

第7章

[戦略を営業戦術に落とし込む]

具体的にやるべきことを明確にする

62

手順の確認

具体的にやるべき手立ては何で、どんな順番で実現しますか

○戦略を具体的な行動レベルに落とし、順番をつけたものが戦術となる

営業戦術とは、営業戦略を具体的にどんな方法で、どんな順番で実行するのかに落とし込んだものです。例えば、野球でいいますと、ワンアウト満塁で4番バッターを迎える場面で、このバッターにゴロを打たせず、三振にとるというのが戦略で、1球目はアウトコース低めのストレートにするとか、2球目はインコースにボール球というそのバッターを三振にとる手立て、つまり配球が戦術ということになります。前章139頁で、「顧客との関係構築重視」の戦略の打ち手をもっと具体化して順番をつけると以下のようになります。

- 今週中に関係構築したい担当者を20名リストアップする。重要度でABCに分ける
- 来週頭から訪問できるようにAとBをつけた担当者のアポイントの理由を考え、実行し始める
- 訪問し、商談とは別進行でランチか夜の約束を取りつける。同時に個人情報整理する
- それぞれに聞きたい項目を整理し、会話やシチュエーションを組み立てる

●実行し、個人情報ノートに情報を加えていく。次の訪問の会話をデザインする

ただ、これでもまだ5W3Hで表現するという観点では、物足りない具体化のレベルです。

○行動を具体的に考えるには5W3Hで考えてみるとよい

5W3Hで表現するとは、いつ（When）、どこで（Where）、誰が（Who）、何を（What）、なぜ（Why）、どのように（How）、どれくらい（How many）、いくらで（How much）という具体化のレベルをわかりやすく、漏れがないようにすることです。前述のケースなら、土曜日の午後1時から3時の間に、自宅で、私1人で、今まで目星をつけてきた会社の担当者20名を、アポがとれるように連絡先を整理しながら、重要度に応じてABCに分ける。来週頭から訪問できるように、特にAとBはできるだけ細部にまで情報をつけ、その中で交通費と訪問に時間のかかる23区以外の会社は重要度のランクを落とす――というようにです。組織の営業戦略を戦術に落とし込むという場面でも、このできるだけ具体的に考えるということが、とても難しいといわれています。なぜなら、1つずつの行動に対する効果を吟味できるかどうかは、実際に自分で経験しないと推し量れないケースが多いからです。ですので、あなたが営業リーダーという立場になる前に、いろいろなことを経験し、その効果を実感しておきましょう。

63 先手が大事 顧客へのファーストアプローチは、どんな手を使いますか

○商談の初期段階で、営業マンがやらねばならないことは3つある

営業マンが顧客に商談を仕掛けるとき、まず絶対にやらなければならないことは、「顧客の動機づけ」「決裁ルートの確認」「提案の練り込み材料の獲得」の3つです。そのうち1つでも漏れがあってはいけません。お客様がやる気がないのに、提案だけ一生懸命がんばる営業マンがいますが、それは、単なる自己満足であり、顧客不在の行動です。時間の無駄といえましょう。また、担当者をやる気にさせて、提案も練り込んだのに、決まらないという営業マンは、決裁ルートの確認と、それを好意的にするための決裁者へのアプローチが欠けていることが多いように思われます。特に、金額が大きいものの決裁は、担当者だけでできるわけではなく、上司やまたその上の上司への確認や、社内稟議システムによってなされるケースがほとんどです。ここに目を向けなければ、今までの努力がすべて徒労に終わることもありえます。

ですから、顧客へのファーストアプローチは、この3つの行為の完遂を目的にしなければなり

ません。ただ、その中でも、「顧客の動機づけ」がなされなければ、他の2つに進めませんので、まずは、ここに集中して取り組みましょう。

○とにかく会わなければ始まらないと心がけよう

まず、お客様にお会いして、自社は何をする会社で、それはお客様の何を解決するのか、またその中で自分は何をする人で、どんな役割であるのか。そして、それは、お客様にとってどういう世界を作り上げるのかなど、顧客にとっての自社のあり方や自分の役割について、十分に説明しなければ共感は得られません。人は誰かと対面してコミュニケーションしながら物事を判断する際に、視覚情報を55％、聴覚情報を38％、言語情報を7％使うといわれます（メラビアンの法則）。実際に会って話し、理解してもらうことはそれほど大切です。メールだけで済まそうとするアプローチでは不十分です。ここぞと思った会社の担当者には、まず会う、そして共感を得るように話すというアプローチが必要になります。業界情報の提供、事例の解説、上司の挨拶、近くまで来たからという理由の飛び込み、待ち伏せによる偶然の演出、なんでもいいのでとにかくお会いし、話を聴いてもらいましょう。もちろん、身だしなみなど、もし会えた時の準備もしっかりしてください。

64 万全な事前準備 顧客との商談の前にあなたは何を準備しますか

○3つの目的を達成するために、周到に準備しよう

ファーストアプローチをよりよいものにするためには、商談前の周到な準備が必要です。「顧客の動機づけ」「決裁ルートの確認」「提案の練り込み材料の獲得」の3つを達成するためには、こちらからもそれに見合う情報を提供しなければなりません。

「顧客の動機づけ」では、あなたやあなたの会社のあり方を十分に魅力的に話すトークを準備してください。加えて、顧客が興味のありそうな話題、つまり業界動向や事例、顧客との共通点になりそうな事柄も用意します。「決裁ルートの確認」では、社長の名前や経歴、また決裁してくれそうな部門のトップの役職と名前などをホームページや情報端末で調べます。さらに、過去にアタックした履歴などから、最初に当たってはいけない人など、その組織独特の事情なども入手できれば、いい準備になります。相手が大手企業の場合、注意しないと、社長やトップにOKをもらう直前であっても、思わぬ人の介入で、まるでオセロゲームのように結論をひっくり返されることもあります。「提案の練り込み材料の獲得」は、練り込むために何を聞かないといけな

いのか、あらかじめ項目立てておくことが大事になります。

○身だしなみや、トークをみがくことも好印象につながる

意外に見落としがちなのが、身だしなみやトークの練習です。出たとこ勝負と、高を括っていると、とんでもない落とし穴にはまります。茶道ではありませんが、一期一会の精神で臨みましょう。あなたの身だしなみは、奇をてらっておらず、ほとんどの人に好感を持ってもらえる最大公約数になっていますか。営業マンである限り、実力の伴わない自己主張はまったく意味がありません。あわせて、靴の汚れや鞄の中身もチェックしてください。足元や襟元など元といわれているところを清潔に、また、忘れ物、足りない資料などがなく、鞄の中身が整理整頓されていることも好印象につながります。

そして、トークもしっかり練習すべきです。あなたやあなたの会社のあり方は、何度も話をしていくうちにうまくなります。ならば、行く前にロールプレイをして、いろいろな局面を擬似体験しておくべきです。特に、ちょっとした反論に対する切り返しトークは、その場で返さないと効果がありません。どんな局面でも対応できるよう、繰り返し練習しましょう。自分の話す姿勢も、鏡の前で実践してみると気がつくことも多いです。

65 観察と記憶 顧客との商談中にあなたは何を観察し、記憶しますか

○顧客のやる気を観察し、不安はその場で消し去れ

商談が始まると、まず観察しないといけないのが、「顧客の動機づけ」がどの程度までなされているかです。顧客の上位者からの無理やりの商談であっても、それを進めてくれる担当者にやる気がなければ、商談が結実するところまで運ばないでしょう。目をしっかり合わせて、真剣にあなたの話を聴いてくれる。リラックスして手のひらを開き、テーブルの上に手を置いている。下を向かず、上を向きがちだ。メモを真剣にとっている。など、やる気を示すサインは、先方から出てきます。一方で、顔を触ったり、イライラしたり、携帯電話を見たり、腕組みをしたりするのは、多くの場合、興味がないというサインです。一番見逃してはいけないのが、首を左に傾けたり、急に背中を丸めだしたり、小声になったりする、あなたの言葉や提案に不安を感じているというサインです。そんなサインが出たら、「どこか、ご不安に思われているところはございますか」と一度聞いてみましょう。せっかくやる気になっていても、不安を残した状態で商談を

終えると、その不安が増幅し、結局やらない理由に発展しかねません。不安は、あらかじめ用意したトークや準備してきたものでその場で解消するのが鉄則です。

○不安には2種類ある。とにかく担当者をやる気にさせることが先決

顧客が何らかの不安を持った場合は、それが商品・サービスに対する不安か、あなたを含めた組織に対する不安かを判断します。商品・サービスに対する不安なら、その利用シーンに焦点を合わせ、実際に見てもらう（例えば、動画を用意しておく）などしてできるだけ早期に解消します。組織に対する不安なら、用意したトークや準備してきたものだけではなく、上司を含め、関わる人を多く連れて行くことをおすすめします。

営業マンとして、覚えておいてほしいのは、勝負はこの動機づけ段階にあるということです。徹底的に顧客の不安を解消し、やる気満々の状態まで持っていってください。そして、解消した不安は、その担当者の上司の不安だったりします。しっかり記憶し、提案内容に丁寧に盛り込み、担当者がその上司や決裁ルートにしっかり説明できるよう配慮します。ただ、提案を練り込むのは、担当者をやる気にさせ、その商談が決裁ルートに乗り、ほぼ80％商談が決まった後のことです。提案書は、あなたと顧客が握ったことを実現する設計図のようなものだと心得てください。

66 着地点の見当

顧客との商談の落としどころをあなたはどう決めますか、それを上司や仲間は認めてくれるでしょうか

○決裁ルートを確認しながら、取引条件を探ろう

「顧客の動機づけ」に成功したら、今度は「決裁ルートの確認」です。この商談は顧客内でどんな手順で決裁されるかという確認です。あなたの対面の担当者がその上司に話をすればOKなのか、その上の担当役員まで話がいくのか、また、最後は社長まで回る社内稟議にかかるのかを確かめなければなりません。それと同時に、その決裁ルートの全員が納得する条件、落としどころを決めます。もちろん、担当者が上位者を説得してくれる力量を含めます。価格、納期、地域(範囲)、支払い条件、契約期間など、決裁ルートの1人でも強く反対し、差し戻しを食らうとそのままお蔵入りになるケースがほとんどでしょう。反対しそうな人は、あらかじめ上司を連れてお会いし、その危険性を排除しておくことをおすすめします。

決裁ルートを確認する段階で、「この人はここを気にしそうだ。あの人はここだ」というように、担当者から、もしくは直接会って情報を得ます。もちろん、すべての人に駆け引きは成立します。

全部の希望を呑む必要はありません。要するに納得させればよいのです。動機づけされた担当者は強い味方です。どんな条件なら通るのか相談してみましょう。

○取引条件の即断は、上司や仲間との普段からの関係性がものをいう

顧客と条件を口約束してしまった後で、上司の許可が下りなかったからと覆すと、せっかく動機づけした顧客がやる気をなくしてしまうこともありえます。ただ、どうしてもその場で条件を顧客に提示しないと先に進まないということもあるでしょう。ですから、営業マンであるあなたは、自分が出す条件を上司や仲間が認めてくれるか目算できることが必要です。顧客と駆け引きしつつ、上司や仲間の説得も気にする必要があります。

ここで重要なのが、上司やリーダーとの普段からの関係です。また、納品に関わってくれる仲間についても同じです。普段から何事も相談してくれ、よほどのことがない限り、値引きや納期などで顧客のいいなりになることはないという信頼関係があれば、ここぞというときに、「あいつがこうするなら仕方ない」とみんなが思うはずです。逆に、何も相談せず、いつも厳しい条件ばかり社内に持ち帰ってくると思われているなら、「またあいつか、今度は認めないぞ。突き返そう」となってしまいます。商談をスムーズに進めるためには、社内に敵なしといきたいものです。

67 着地点の再検討 もし思わぬ結果となったら、あなたはどうしますか

○鉄は熱いうちに打て！　すぐに上司に会う手立てを考えよう

「顧客の動機づけ」に成功し、「決裁ルートの確認」もして、担当者から提案書をください、といわれ、提案を練り込んだのにもかかわらず、結局「ダメだったよ」といわれてしまうケースがあります。そんなとき、あなたならどうしますか。もし、担当者が社長まで上がる稟議書を作成し、その結果、最終決裁者の社長がノーだという結論ならなかなかひっくり返すのは厳しい状況かと思います。しかし、上司に相談したらダメだった、上司まではうまく通ったんだけど、その上でノーが出たというケースも多いのです。すぐにあきらめる必要はありません。

ただし、鉄は熱いうちに打てと急ぐ必要はあります。まず、ダメだった理由を明らかにします。考えられるのは3つです。①「顧客の動機づけ」が足りなかった、つまり担当者が真剣に上司に上げていない、②上司もしくはその上司があることが気になりノーを出した、③決裁ルートとは別のところから横槍が入った、のどれかでしょう。①は担当者が上司から信用されていないとい

う問題を含んでいます。そうなると、いつまでもその担当者に関わっていても決まることはありません。担当者の上司に直接会う手立てを考えましょう。

○本当の理由は会わなければわからない

②のケースは、その理由が気になるところです。競合に上司の知り合いがいたのかもしれません。また、商談時と状況が変わり、優先順位が変化したことも考えられるでしょう。大切なことは、ダメになった理由を明らかにしたうえであなたの上司と相談し、その理由を超えられる提案ができるかどうか判断することです。もし超える提案ができるなら、担当者から反対した人につないでもらい、上司と一緒に訪問することをおすすめします。直接会えば、反対した本当の理由を確認できるかもしれません。その場合、それを解消できれば受注に近づくはずです。

③のケースも、私なら、直接会いに行くことを選択するでしょう。担当者からの紹介が厳しければ、いったん上司を紹介してもらい、そこからまた反対部署を紹介してもらうというステップを踏むかもしれませんが、本当の理由は会わないとわからないことが多いです。逆に、会ってみれば意気投合して受注に至ることだってあります。そして、忘れてならないのが、担当者のやる気です。やる気が残っている間はまだチャンスありです。

68 打ち手の確認 自部署で使える営業戦術をすべて把握していますか

○情報を知識に変え、知識を知恵にしたレベルで把握しよう

これは戦略を戦術に変える過程、つまり、野球でいうところの、この打者を三振にとると決めて（戦略）、1球目をストレートか変化球にするのかその配球を考える（戦術）ときに、自分はいったいどんな球をどのように投げることができるのかわかっていますかという質問です。「顧客を動機づける」「決裁ルートを確認する」「提案の練り込み材料を獲得する」において、その手法のバリエーションを、自分が試したもの、自部署で過去に試されたもの、まだ試していないが局面がくれば試してみたいものに分けて把握し、どんなときにどう使えば最も効果が上がるかを考えるのです。これを知識の知恵化といいます。こういうときにはこういう方法だというのを整理するのは情報化。そして、それを自分ならこう使えると、利用の手順をあなた自身がわかっていることを知識化。さらに、こう使えば最も効果があると理解している状態が知恵化です。情報は、自分で使えるようになって初めて知識に変わります。そして、最大限使おうとしたものが知恵だというわけです。「顧客の動機づけ」ひとつとっても、自部署の中には、いろいろな知識と

知恵が転がっているはずです。

○他人の成功事例に宝が眠っている。積極的に真似て使おう

試しに、打ち手を、「顧客を動機づける」「決裁ルートを確認する」「提案の練り込み材料を獲得する」に分け、さらにそれを「自分で試したもの」「自部署で過去、試されたもの」「まだ試していないが局面がくれば試したいこと」に分類してみてください。つまり3×3のマトリックスを作るのです。空白のスペースが多く目立ちませんか。人は、意外に自分が成功した同じ手ばかりを繰り返し、新しいことや、他人がやって成功したことに無頓着であるというくせがあります。これではせっかくのチャンスを逃してしまいます。先輩や同僚が成功している手立て、また本書や他の営業の本に書いてあるような手立てを自分のものにすることは、きっとあなたの実力を上げることに役立ちます。

他人の手立てを知る時間を決めて持つということと、いいところは真似ることを徹底してください。まず成功した事例は、できるだけ早く、動機づけ、決裁ルート、提案内容に分けて、その経緯を成功者本人に聞く習慣を身につけましょう。過去の事例で、自部署にとって知れわたっているようなものも1つずつ分類します。そして、自分の商談に、それを真似て使うのです。

69

自己評価と次のステップ

マーケティング理論の中で、自分の営業に活用できるものは何ですか

○STPや3C分析はもちろんのこと、基本はしっかり身につけよう

自分の打ち手が幅広くなっていくと、それがどんな状況のときに使われるとより効果的なのかが気になってきます。営業の仕事は、顧客価値創造に関わることと、マーケティング活動に参加すること、そして売買行為に主体的に取り組むことです。ですから、売買行為の前の土壌づくりであるマーケティング活動を有効にする理論もしっかり頭に入れておきましょう。

マーケティング理論の中で、皆さんがまず頭に入れておかねばならないのが、STPという考え方です。Sはセグメンテーション（市場のどこを狙うのか）、Tはターゲティング（狙った中でどこに力点を置くのか）、Pはポジショニング（他社とどう切り口をどう違えるのか）です。そして、その中でもPのポジショニングを導き出す方法として3C分析（市場〈Customer〉、自社〈Company〉、競合〈Competitor〉の特徴から自社が競合に比べて選ばれる理由を探る）がありました。これは、ご自身の顧客価値創造にも役立つことを学んでもらいました。さらに、マイ

ケル・ポーターやフィリップ・コトラーの理論も自分の戦略を検証するうえでとても役に立つものです。自分で調べて覚えましょう。

○顧客が何を望んでいるか、直接聞くだけが能ではない

ピーター・ドラッカーは、マーケティングの理想は販売を不要にすることである、つまり自然に売れてしまう状態を作るのがマーケティングだといいました。マーケティングは人が介在する売買行為よりも生産性が上がると考えたのです。しかし、商品やサービスにも競合状態があるように、営業活動にも競合があります。ターゲットとした市場に、広告や宣伝活動ばかりを仕掛ける会社が乱立すると、ダイレクトセールスに重点を置く会社のポジショニングは上がります。また、ブランドづくりや評判づくりも、人が介在した方がその浸透が速くなることもあります。しかし、ダイレクトセールスばかりで戦っていると戦いの全体像が見えなくなるのも事実です。顧客が何を望んでいるか知るには、ただ顧客に直接聞くだけでなく、顧客の置かれた本当の状況を幅広くとらえる。顧客が何を考え、どう行動するかをさまざまな角度、時間軸から感じ取る必要があります。マーケティング理論を勉強するということは、顧客の考えや行動を対面とは違う角度から知るという意味で欠かすことはできません。

70 データとノウハウの蓄積

顧客データはどのように蓄積し、どう使いますか

○営業活動のデータは、感情よりも事実がわかるものを蓄積する

顧客データには、顧客の組織や課題などの状況を表すものと、あなたや自部署がその顧客にどう営業活動をしてきたかを表すものがあります。まず、顧客の組織や課題などの状況を表すものは、組織のみんなが俯瞰して見ることができる1枚のシートのようなものにして蓄積していくことをおすすめします。そこに企業の基本情報や人事情報、また組織図や経営計画、また営業先の部署の課題などを整理して記録し、日々書き加えながら更新していきます。特に、組織図は誰が誰に会ったか、友好な関係なのかなど星取表のようにして更新すれば、上司と一緒に次に誰に会うべきかを考えることができます。また、どんな人が偉くなっているかやその企業がどの企業とつながっているかを見るのも、作戦を考えるのに役に立ちます。そして、あなたや自部署がその顧客にどう営業活動してきたかを表すものは、どんな行為をしてどこまで進めたかの事実だけに注目します。感情表現満載の日報などは、あまり役に立ちません。言い訳がましい自分を守るた

めの嘘に引きずられます。できれば、訪問回数を時系列にし、営業プロセスの中のどの行為を何回して、結果どうだったのかが、客観的にわかる資料にまとめましょう。

○データはしっかり分析して、実際の具体的な行動に結びつけよう

あなたは、このようにして蓄積したデータを分析し、使えるようにしなければなりません。データは単なる情報でしかないので、それを加工して知識に変え、実際の行動時に最高のパフォーマンスが出せるよう知恵化するのがあなたの仕事です。

例えば、今までのデータを読み解き、①決裁者である専務を訪問、②その企業の人事課題を解決する方策を提案、③この企業の取引先のA社から圧力、という方針(戦略)を立てたなら、それをどういう手順で実行するか、その実行策(戦術)を考えていきます。①の決裁者である専務を訪問するという実行策は、まず秘書であるBさんを飛び込み訪問し、その後上司と③の有効性をちらつかせながら挨拶、アポイントが確定したら、自社の常務にお願いし訪問、と5W3Hがはっきりするように行動の順番を決めていきます。それでも不安であれば、知識創造のプロセスにしたがい、上司や力のある先輩など、それらを客観的に見てもらえる人からの意見を聞きましょう。知識や知恵を連結化するのです。その意見をもとに再度考え、さらに使えるようにします。

71 チーム力に反映

商談の進め方（打ち手と再現性）をチーム力にしていますか

○営業力は、打ち手のインパクトの強さと商談マネジメントの出来で表せる

営業力は、その人の打ち手にインパクトがあるかということと、商談のマネジメントができているかの掛け算で表せます。打ち手にインパクトがあるとは、1つずつの打ち手が、相手を共感させ、是非この提案を受け入れてみたいと思わせるだけのエネルギーがあるということです。情熱があり、細部にまできめ細やかで、しかもスピードがあって相手を驚かせるレベルであるということでしょう。商談のマネジメントができているとは、その商談の状態をしっかり把握しており、次の最善手を迷わず打つことができるということです。言葉で状況を細かく再現でき、その状況を創り出した原因分析や、将来予測をしっかりできるということになります。

よくあることですが、新入社員が思わぬ受注をあげてくるのは、一途な一生懸命さが強烈な打ち手のインパクトになり、ベテランの商談マネジメント力を凌駕するからです。また対照的に、ベテランの業績がだんだんジリ貧になっていくのは、商談のマネジメントは上手にできても、一

生懸命さが薄れ、繰り出す打ち手のインパクトが足りずに、顧客がだんだん共感しにくくなるからなのです。

○営業力をチーム力に変えるのは営業マンあなた自身だ

あなたは、常にこの両方を意識し、自分の営業力を高めなければなりません。そして、上司やその商談に関わるチーム全員がこのことを意識し、取り組めるようあなたがコントロールするのです。例えば、「顧客の動機づけ」をするときに、上司と納品後のサービスを担当する先輩の同行を企てたとします。そのときに、あなたの商談の説明が的を射ず、顧客が望んでいる説明に対して不十分な回答しか用意せず訪問するというケースと、あなたの商談の説明が的を射ており、顧客に対して強いインパクトがある打ち手を準備して訪問するのでは、まったくその後が変わってしまうでしょう。営業マンは、自身でも、その打ち手に強いインパクトがあるか、また商談のマネジメントがしっかりできているかを細かく気にかける必要があると同時に、それをチームの力として発揮できるように気を配ることを忘れてはいけません。私はこれを忘れることを、「まぁいいか」病と名づけて、自分がそうなっていないか、はたまた、その病気をチームに感染させていないか気にかけるようにしていました。

72 アフターフォローはどのようにしますか

顧客教育のためのアフターフォロー

○受注を増やしたければ、課題の再生産と顧客教育が重要だ

営業マンにとってアフターフォローは、顧客満足を高めるだけの行為ではありません。アフターフォローは、次の受注や紹介をもらうために実行します。あなたが高い業績をあげようと思うならば、その顧客からの1つの受注で満足せず、次の課題を見つけ、それを解決する提案を行うことによって何回も受注をもらうことです。次の課題をどんどん創り出したり、見つけてきたりすることを課題の再生産と呼びます。もちろん、新しい顧客を開拓することも大事ですが、一度あなたの商品やサービスで満足した顧客、つまり信頼関係ができつつある顧客から、繰り返し受注をもらう方が、明らかに効率がいいでしょう。しかし、こちらから次の課題をどんどん仕掛けるといっても、顧客がそれに強い興味や関心を持ってくれないと、次にはつながりません。あなたは、頻繁に顧客のもとに出かけ、情報提供し、あなたが提案したい方向の知識を顧客に増やさせなければなりません。

この行為が顧客教育です。あなたの理想は、あなたが提供できるものの範囲で、顧客が再び動

機づくことです。そこへ向かうよう、コントロールしながら顧客を教育していきます。

○課題を再生産し続けない限り、取引は削減・解消へ向かってしまう

顧客の興味があなたの提供できるものの範囲からそれたり、あなたが顧客教育をせず、あなたの提供できる分野についての興味や関心が小さくなってしまうと、顧客の委譲が始まります。「君に任せたよ」というやつです。顧客が自分に信頼を寄せてくれた証として心地よい言葉に聞こえますが、実は営業マンにとっては最も恐ろしい言葉だと覚えておいてください。「君に任せたよ」は、「君や君の会社に関心がなくなったよ」という言葉に置き換えられます。信頼がなくなったとはいいませんが、もう新しいことはあなたの会社から得られないだろうと判断された、自分が関与しなくても期待値は同じだと考えられたということを意味します。

そんなとき、競合の出現で、決裁ルートにいるその担当者の上司の誰かがあなたに好意的でなくなったり、顧客の他部署から強烈な紹介が入ったりすると、あなたの取引は削減され始めます。そして、そのことが引き金となって、担当者とあなたとの信頼関係が薄くなって、彼のあなたに対するアドバンテージがなくなってしまうと取引は解消の方へ向かってしまいます。

73

戦術の次のステージ

もし目標達成できたら、その次にやるべきことは

○目標達成できたら次に向けて早々に動き出そう

あなたの戦略を綿密な戦術に落とし、それを見事に達成できたならば、あなたは次に何をすべきでしょうか。もちろん一息ついたので、次に向けて生気を養うために自分にご褒美も必要かもしれません。また、これから先の自身の知識を蓄積するために、この戦略・戦術はなぜ達成できたのかという検証も必要でしょう。しかし、最も忘れてはいけないのは、自身の「思い」にいま一度立ち返ることです。そもそも、あなたが立てた戦略・戦術は、そのあなたの「思い」、あるべき姿を達成するために作られたものだったはずです。今回の戦略・戦術は、その「思い」のどの部分を達成したのか、どこまで到達できたのかをしっかり見定め、早々に次の目標を立てましょう。自分の「思い」は揺らいでいないかと覚悟をし直し、「今回の戦略・戦術は、少し軽めだったかな」「人の巻き込み方が足りなかったかな」など、戦略・戦術の立て方及び実行の仕方を反省し、そして、環境の変化、仕事のプロセスや価値基準、顧客価値に変化はないかをあらため

て検証し直して、今度はここまで達成しようと、次の戦略・戦術を立てるべく早々に動き出してください。一流はこのスピードが違います。

○感謝はどれだけ表しても足りないくらい表す

そして、もう1つ忘れてはいけないのは、目標を達成するのに関わってくれた人に感謝の気持ちを表明することです。心の中で感謝するだけでは足りません。必ず、言葉や何か物に換えて表現することを忘れないようにしてください。特に、営業とは違い、結果が明らかになりにくい部門の人には、少しオーバーめにやってちょうどいいくらいです。

そもそも、あなたが目標を達成できたのは、あなただけの力ではなく、周りの人たちの協力があったからです。あなたのその戦略・戦術の意味は、あなたの「思い」をとげるための一里塚であったはずです。であるならば、今回の功績は、次の戦略・戦術を達成するための糧として、全部人にあげてしまってもいいくらいではないでしょうか。私は、上司への報告や社内報に、協力してくれた人がどんな協力をしてくれたかを事細かに書くことをおすすめします。間接的にその人に伝わり、「あいつのためだったら何とかしてやろう」という、次の戦略・戦術を達成するための協力につながるからです。

チェックポイント

あなたの言葉で、言語化(概念化)してみましょう。それを、もう一度本文を読みながら内省しましょう。そうすることで、力がつきます。もう一段、実力が上がります。

- ☑あなたは戦略と戦術の違いを明確に答えられますか
- ☑あなたは営業マンが初回訪問時にやらねばならない3つのアプローチを知っていますか
- ☑あなたが顧客訪問の前にやっている準備は何ですか。それは十分なことですか
- ☑あなたの顧客をやる気にさせる方法は、どんなものですか
- ☑あなたは、目の前の商談の決まり方の確認をどのようにしていますか
- ☑あなたの企画書づくりのポイントは何ですか。何に気を配りますか
- ☑あなたは、過去事例や現状把握から、今使える手すべてを掌握していますか
- ☑あなたが知っているマーケティング理論にはどんなものがありますか
- ☑あなたが使える顧客データは、どのようなものですか。また、いくつ持っていますか
- ☑あなたは営業力の正体は何で、どう鍛えたらよいか理解していますか
- ☑あなたが既存顧客にしなければならないことは何でしょうか
- ☑あなたの肝になる営業戦略を具体的な戦術に落とし込めますか

第**8**章

[人を動かす]

メッセージとコミュニケーション

74 目的の明確化 その行動は何のためにやるのか考えていますか

○コミュニケーション力とは相手を動かす力だ

コミュニケーションを、単なる意思疎通の手段と考えるのは、ビジネスの世界では禁物です。意思疎通の目的をもっと主体的に考え、相手を動かすためのものととらえるべきです。要するに、ビジネス上でコミュニケーションをとるとは、相手を動かすためにメッセージを伝えるということです。コミュニケーション力があるかどうかということは、メッセージによって相手を動かす力があるかどうかなのです。ビジネスは1人ではできません。もちろんチームプレイをそれほど必要としない場面もあるかもしれませんが、少なくとも顧客は動かさなければなりません。動かすということは、ある意味であなたの意志で、相手を、また相手との関係をコントロールすることです。ビジネスを志すなら、是非このコミュニケーション力を身につけましょう。

まず、相手を動かすには、その程度や段階があります。理解してほしいのか、それとも評価してほしいのか、それでは不十分で、実際に動いてほしいのか、また動いた先の成果まで期待しているのか。その目的によって、あなたは、対象としている相手に送るメッセージの強さ、熱さ、深さを変える必要があります。

○慎重に扱って誤作動を防ぐ

　あなたが何をやりたいのか、そのあり方や「思い」を伝えるのも、それを現場に展開するあなたの方針や実行策をみんなに理解してもらうのも、またあなたがリーダーとなり、組織長としての戦略・戦術をみんなに徹底するのも、結局はこのコミュニケーション力に支えられます。コミュニケーション力は、目の前の個人（相手）を動かすと同時に、組織も動かす道具として認識してください。道具であればこそ、進化させないといけませんし、大切にし、みがかないといけません。

　それに、コミュニケーション力は、人を動かすための他の力、例えば、武力や権力、金力と比べて、明らかにコスト安ですが、確実に効くか効かないかはわからない代物です。また、使い方を間違えると意図とは反対の方向に向かう逆作用も頻繁に出ます。慎重に扱わなければなりません。ですから、まず「何のために人を動かすのか」という目的を明確にし、確実に作用する方法を丁寧に考えることを常に心がけてください。コミュニケーション力を鍛えるのは、そこから始まります。

75 相手のことを考える

あなたの伝えたい相手はどんな人ですか

●その人は何のためなら動くのか、その特徴を見極めよう

あなたが、このために相手を動かすというコミュニケーションの明確な目的を持てたなら、次に、その相手はどんな人なのかを見極めなければなりません。相手を動かすという観点でいえば、まず何をおいても自分のいうことを聞いてくれる人なのか、それとも、まだそこまでの信頼関係はなく、かける言葉や伝えるメッセージによって動いてくれたり、くれなかったりする人なのか、それともどんなときも自分に反対する、もしくは曲解してマイナスに働く人なのかを判断します。

もちろん、何をおいても動いてくれる人に対して信頼関係が崩れるような方法はご法度ですが、一番神経を使うのは、どう転ぶかわからない人の見極め方です。どんな性格なのかということより、一番見てほしいのは、どんな条件がそろえばその人は動くのかという観点です。まず、相手がどんな行動の傾向を持っているのかを判断します。それには94頁で紹介したソーシャルスタイルが役に立ちます。合理的に考えたいのか、分析をして納得したいのか、自分が目立つために印象を考えるのか、それとも周りを意識し波風を立てたくないのか、行動の傾向を見極めましょう。

○相手の関心の深さや、引っかかる言葉も気にしよう

次に、そのテーマに関して相手が主体的によく考えているか、それともあまり考えておらず感情や気分だけを意識しているのかの判断も重要です。よく考えているということなら、その人が気にするポイントの中のメリットとデメリットの両方を用意し、顧客自身の判断に委ねることが必要になりますし、あまり考えていないということであれば、その中のメリットをストーリー仕立てにしてたっぷりインプットした方がよいでしょう。

深く考えているということは、たとえあなたとの関係が深かろうと、まずは、こちらがいう理由が論理的にもっともかどうかを判断して考えます。逆に考えていないということは、あなたのいうことは信憑性があり、自分の周りも同じように動くかなどを気にします。加えて過去のやり取りの中で、このことにはとても反応してくれた、共感してくれたなど、相手の琴線に触れる殺し文句があればそれを覚えておくことも重要です。反対に、その人にとってそれだけはいってはいけない、やってはいけないという忌み言葉にも注意しなければなりません。

76

相手向けに翻訳

伝えたいことを相手が理解できる明確な言葉にできますか

○相手に伝わったものがメッセージ。伝えようとしたことではない

せっかくいいメッセージを作っても、正確に伝わらなくては意味がありません。ですから、少なくとも、こちらが伝えたいことを、相手が容易に理解できる言葉にしなければなりません。ちゃんと話したつもりでも、まったく相手に伝わっていないことがよくあるという人は、自分だけが理解できる言葉で話をしているケースが多いのではないでしょうか。例えば、社内用語や専門用語（カタカナ語を含む）、また省略語や短縮語を使いすぎている場合や、話が長すぎて要領を得ず、何をいいたいのかわからないという場合などです。社内用語や専門用語を並べる人は、他人から見るととても偉そうです。

顧客があなたのことを、とても偉そうだと判断した瞬間から、もうあなたの話を聴く気がしなくなる場合も多いはずです。省略語や短縮語の多用も、「プロ」がプロフェッショナルなのかプロファイルなのか、はたまたプログラムなのかなど、どの意図で使っているのかを考えているう

ちに、話についていけなくなったということが起こります。要領を得ない長い話も、せっかく顧客に真剣に聴こうという心構えがあっても、結局何がいいたいのかわからずおしまいになってしまうケースがよくあります。

○伝える側の配慮や思慮がメッセージ伝達の決め手となる

相手に伝わったことがメッセージだと考えると、別に言葉である必要はありません。ある女性を好きになり、とても愛しているということを伝えるのに、１００の言葉よりも、１回の花束の方が、その気持ちがちゃんと伝わることだってあります。また、顧客のことを考えていると伝えるのに、言葉よりも、きっちり丁寧な仕事やきめ細やかな対応を続ける方がより説得力があるでしょう。商談のコンダクターとして、営業マンであるあなたは、いつでも顧客や社内の上司や仲間の立場になって、何といわれれば、またどんなことをされれば、自分の伝えたいメッセージを相手にきっちりと受け取ってもらえるか考えなくてはなりません。コミュニケーションロスは、伝える側の配慮や思慮が足りないケースがほとんどだと覚えておいてください。そして、伝わらないことが誤解を生み、組織全体に非効率を及ぼすこともあります。また、それを曲解させる強力なライバルの出現が、あなたやあなたの会社にマイナスの状態を創り出すこともありうるのです。

77 伝えるタイミング それを今伝えますか、それとも明日にしますか

○信憑性や重要度を上げるのも話すタイミング次第

伝えたいメッセージを、相手に伝わる言葉や物にできたら、今度はそれを伝えるタイミングをはかります。話の内容によっては、今すぐに話さないといけないものや、逆に、もう少しタイミングをみて、後から話した方が効果的というものもあります。

例えば、顧客から否定的な疑問を投げかけられたとき、切り返しトークはその場でしないといけません。その場で答えられないという事実が、あなたの言葉の価値を下げ、信頼を落とすことにつながるからです。そのために、営業マンはとっさの応酬話法をみがくだけでなく、信憑性を築く知識を普段から蓄積し、頭の棚に整理しておく努力を怠ってはいけません。

一方で、上司や部下にどうしても伝えたいことがあるのに、その相手が他のことで頭がいっぱい、テンパっている状態のときはどうでしょう。その話が大事な話であればあるほど、面と向かってちゃんと聞いてほしいはずです。さらに、相手があわてているときに話をしてしまったばかりに、その話はたいしたことではないと思われるのは、とても不本意です。重要な話もタイミン

グを外せば、軽い話に変わってしまいます。

○感情的になったら、使うタイミングはさらに選ばねばならない

感情的になり怒りを覚えたときも、今すぐ反論したい衝動を抑え、１日置いてみると、気持ちが落ち着き、いいたいことが整理でき、しかも相手が受け入れやすい言葉を選んで話せることが多いと思います。特に、部下や自分の営業を手伝ってくれるスタッフなど、普段からよく接する人に対しては、その後の関係が悪化しないように、あなたの方で気持ちを抑えることが大事です。顧客と同じで、今いわないと既成事実になり、あなたの評判が確定してしまいそうな間違った事実を正すこと以外は、時間を置くという鍛錬が必要になります。

同じ感情的な言葉でも、今度は褒めることや感動したことを伝えるならば、できるだけその場、できれば気がついたときにすぐ実行に移すことが大切です。感情的な言葉というのは、感情が高ぶっているときに伝えるのが最も相手に伝わります。「おめでとう」「よくやった」「すばらしい」「感動した」などの言葉は、誰よりも先に伝えることで、あなたの祝意は印象深く伝わるでしょう。

78 伝える手段

伝えるにはどんな手段がいいのでしょう。直接いいますか、それとも間接ですか

○伝える手段は、その効果を吟味する

相手に伝えたいことが明らかになり、それを言葉にできて、タイミングもはかれたら、今度はそれを伝える手段を考えます。言葉を伝える手段は、昔と比べて格段にバリエーションが豊富になりました。直接いう、電話をする、手紙を書くに加えて、メールをするがあり、そのメールも会社か個人のeメール環境で送るのか、フェイスブックのメッセンジャーやLINEなど多くの手段が使えますし、既読マークの存在により、相手に届いたかどうかも手軽に確認できます。ただ、電子メールなどの手段は、相手と文脈を共有できている状態であれば、効率性、即効性という観点で便利ですが、それに頼りすぎてはいけません。前述のメラビアンの法則のように、実際に会ってコミュニケーションする効果は大きいからです。特に、商談が順調にいっているときはいいですが、思い通りの進捗から少し外れたなと感じるときは、手間を惜しまず、必ず顧客と会うようにしましょう。せっかくバリエーションが増えたのですから、最も効果的な手段を選択し

たいものです。

○間接的な伝え方の効果も意識に入れよう

直接相手にいうのと間接的に相手に伝えるのと、物事を伝えるのにあなたはどちらが効果的と思いますか。大切なことを伝えるのに人に任せられない、直接面と向かって話をすると答えるかもしれません。しかし、間接的に話をしてもらう人が、相手にとってあなたより信頼を寄せている人か、もしくはいうことを聞かざるを得ない人だったらどうでしょう。依頼の内容によっては、直接でない方が効果的ということがありませんか。

確かに、その人がどう話をしてくれるかわからないという点で、不安は残ります。しかし、話の細部にこだわらない、感情の方向性だけを伝えてほしいときなどは効果てき面です。例えば、「君のことを褒めていたよ」「あの件だけどとても残念がっていた」「彼はとても申し訳ないって詫びていたよ」などです。また、「あの件だけど、私の顔を立てて、彼のためにしてやってくれないか」や「あの件だけど、ものすごく難しい事情があるようだね。私も無理かと思うよ」など、その人の意見をかぶせることで、より高い効果を見込め、直接伝えるよりいい結果となりえます。

79 コミュニケーションの効果 その言葉は相手との関係性を近くしますか

○人は関係性によって動く。いい関係性を築こう

コミュニケーションする目的をはっきりさせ、相手を見極め、伝えたいメッセージを明らかにし、タイミングをはかり、適切な伝達手段を考えるという、人を動かすためのコミュニケーションフローをしっかり実施し続けると、その相手との間にいい関係性が出来上がります。そしてその関係性は、お互いの間に蓄積します。逆に、目的を持たず感情に任せ、自分のことだけを考えて、メッセージは紋切り型で、直情型さながらにどなり散らすというコミュニケーションを相手ととり続けたとしたら、「絶対にそいつのいうことは聞いてやるもんか」という感情がその相手の中に蓄積し、最悪の関係性となります。人は1回1回のコミュニケーションフローによって動くというより、蓄積した関係性によって、動かされたり動いたりするのです。

あなたと上司と部下の間にいい関係性ができているとしたら、あなたはこのコミュニケーションというフローを、その相手との間に、とても慎重に繊細かつ真摯に繰り返し行ってきたということでしょう。またその逆なら、相手かあなたのコミュニケーションのとり方に問題があるとい

うことです。顧客との間も同じことです。

○いい関係性を築くのは長い時間がかかるが、なくすのは一瞬

ビジネスで成功したいなら、自分以外の多くの人間に動いてもらわないといけません。このことを主体的にとらえると、より多くの人間を動かすことが必須だということです。だからこそ、それには、常に慎重かつ明瞭なコミュニケーションを心がけ、より多くの人との間にいい関係性を作り続けることが必要になります。一瞬たりとも気を抜くことはできません。信頼関係、つまりいい関係性は、長い時間をかけて構築していかなければなりませんが、それをなくすのは、一瞬だからです。営々と築いてきた関係性も、「なんだそんな風に思っていたのか」「その言い方はまったく配慮に欠けているな」というたった1回の出来事で、崩れることだってありえます。

特に営業マンは、その会社を代表して顧客に会っています。あなたの発言が、その会社との関係性を構築しているのだという自覚をいつも持ってください。そしてさらに、家から一歩外に出た瞬間から、あなたは見られているという意識を持つことも必要です。あなたは、顔つきや姿勢などの外見などからもメッセージを発信してしまっています。

80 相手にどう見られているか

あなたは人から好印象で見られていますか

○あなたの好印象は、あなたの会社のビジネスを有利に作用させる

コミュニケーションは言葉や外見だけではありません。あなたの行為すべてがメッセージとなり、あなたの印象を決めてしまいます。特に営業の世界では、あなたの印象が、その企業の印象を決定づけ、顧客価値創造に影響を及ぼしたり、マーケティング活動そのものになったりする可能性があります。もしあなたが顧客から常に好印象で見られているとしたら、自社は他の企業に比べてビジネス上有利に展開できるに違いありません。さらに、あなたの印象があまりにもよければ、あなたの上司、同僚、また後任に対しても、しばらくの間、あなたの印象が貯金となって、いい方向に作用することが多いはずです。

ですから、あなたはどんなときも顧客に好印象を持ってもらえるような行動を心がけなければなりません。いつも笑顔を絶やさず、それでいて行動は早く、細かいところに気を配り、一生懸命であるという印象を残すのです。特に、人と比べやすい、挨拶、お辞儀、外見のさわやかさなどは気をつけたいものです。また、志の高い営業マンなら、社内に対しても、同じように気を配

り、好印象を作り出しましょう。好印象は、あなたの貯金のようなものです。

○オフタイムも組織を背負っているという当事者意識を持とう

好印象は、ビジネスのオンタイムだけで作られるものではありません。オフタイムに、同僚と飲みに行き、そこで羽目を外しすぎたり、店員に悪態をついたり、他のお客様に迷惑をかけたりすれば、「あの人はどこの社員だ」ということになり、会社の印象まで極端に悪くなったりします。また、電車の中で、年配の人や妊娠している女性に席を譲らなかったり、イヤフォンをしたままスマホを操作し人にぶつかったり、酔っぱらって喧嘩するなども同じことです。横断歩道で子供がいるのに信号無視、歩き煙草や吸い殻のポイ捨てなども、悪い印象となって残ります。

特に、SNSが発達した現代においては、これらの悪印象がレピュテーション（評判）を作り、個人や会社が特定され、ブランドを傷つけかねません。経営トップがビジネス外で不祥事を起こし、その印象で業績に悪影響を及ぼすことはその典型です。そのため、少し息苦しいかもしれませんが、一歩家を出たら会社の印象は自分が作るという心意気で、あなたも気を配ってください。大切なのは、組織を背負っているという当事者意識です。

81 相手にとって論理的か

いいたいことを論理的に話すとはどういうことですか

○相手を動かすには、論理的な筋道が必要

「君のいうことは、わかりづらいよ」といわれたら、それは論理的に話せていないということです。論理的に話すとは、結論とその根拠を明確にし、筋道を立てて話すことです。思い出してほしいのは、コミュニケーション力とは相手を動かす力だということです。相手を動かす目的のために、それを達成する手段が言葉だとすると、相手が納得しやすいように、筋道がついていることが大事なのです。特に、相手からの質問に対する答えは、必ず結論と根拠、その背景、そしてそれを実行する方法が明確に、しかも順番に並んでいなければなりません。結論は状況によって、場合によってと条件をつけずに、ズバッと明示し、その根拠は事実に基づくものなのか、それとも自分の意見なのかまではっきりさせたいものです。そこが曖昧になると信憑性に影響が出ます。そして、背景も事実が時系列に並んでおり、方法は5W3Hが具体的に示されていることが望まれます。顧客や上司から質問されたら、とっさに、何も考えないで思いつくことを話しだ

すのではなく、一呼吸置いて、あなたの答えを、つまり結論と根拠、背景と方法をしっかり整理してから話すようにしましょう。

○話す相手によって、結論の位置をどこにするか決めよう

特に、上司や顧客などとの切羽詰まった応酬の場合は、頭括法といって、最初に結論を述べ、それからその根拠、背景、方法という順番で話すことをおすすめします。上司や顧客は、ゆっくり話を聴いてくれる時間がない場合が多いので、先に結論から話すのが効果的です。伝えたいことだけを強く心に残すのです。あなたの話す結論と根拠に信憑性があれば、後に話す背景や方法も関心を持って聴いてくれるでしょう。

逆に、部下や、時間に余裕のある顧客などの場合は、尾括法といって、最初に根拠から話し始め、間に背景や方法を挟み、最後に結論で締める方法をおすすめします。もし、あなたが時間のコントロールをすることができるなら、話の信憑性も大事ですが、できる限り文脈を共有し、共感を生みつつ、相手が自分ごととしてとらえてくれるように持っていきたいものです。なるべく閉じられた空間で、たっぷりと時間を使って、そして、結論を確認し合うように話すことを目指しましょう。効果的に話すには、結論や根拠、背景、方法の順番も工夫します。

82 ストーリーになっているか

ストーリーで話すとなぜ共感を呼びやすいのでしょうか

●いいストーリーを話す人は信用されやすい

皆さんは、「アリとキリギリス」「ウサギとカメ」と聞くと、すぐに物語のストーリーを思い浮かべられるでしょう。では、なぜ、皆さんの親や周りの大人は、そのストーリーをあなたに聴かせたのでしょうか。もちろん、その話自体が面白いということもありますが、おおよその目的は、あなたに、油断大敵ということや努力することの大事さに気づいてほしかったからに違いありません。人はストーリーで語られると、押しつけではなく、自分ごととしてとらえ、自分で結論にたどり着いてくれるのです。

ですから、商品やサービスのことを語るのも、ストーリーに仕立てて話せば、顧客が自ら判断し、意思決定に持ち込める可能性が高くなります。説得する手間、リスクが減ります。また、そのことは、本当の意味で人を動かす秘訣であったりします。理詰めで説得したり、インセンティブで釣ったり、カリスマ性で魅了したりするのは、短期的には効果があるかもしれませんが、本当の意味での信用や信頼にはなりえません。よいストーリーを語る人は、聞き手に結論を押しつけるのではなく、その人の自由意思を引き出して、永続的な信頼を勝ち取ることができるのです。

○いい話は飽きないし、何度でもその人から聴きたいもの

ストーリーで語るときの秘訣は、思い切り脚色をしていいという点と、何度も同じ話を繰り返すという2点です。何を伝えたいかに焦点を合わせるならば、話は面白い方がいいに決まっています。まったくの嘘はいただけませんが、少しの脚色は話を面白くするため、より臨場感を出すには必要なことと割り切ってください。あわせて、人はどちらかというと成功した話、つまり自慢話よりも、失敗談や修羅場を克服した話を好みます。車のブレーキの性能を語るのに、あの恐ろしいカーブを俺は何キロで回れたといわれるより、雨なのに踏むタイミングを間違えてもう少しで死ぬところだったけれど助かったといわれる方が、心地よいのです。

あわせて、あなたが話すストーリーは相手の耳に届きやすく洗練されていることが大切です。ですので、何度も繰り返して、微修正します。話し手は、同じ話は相手が飽きるだろうと思いがちですが、そうではありません。子供のとき、面白い話は何度でも聴きたかったですよね。特に教訓などの話は、何度も同じ話をうまく話せる人から聴きたいものなのです。

83

まとめる努力

ミーティングや商談をまとめるためにやるべきことは

○話をまとめるには方法がある

話が一定の時間内にまとまらないのは、2つの理由が考えられます。まだ十分に議論がし尽くされていないケースと、話が拡散しすぎてまとめるタイミングを逸しているケースです。この2つのケースを避けるために、あなたは、ダイアローグ（対話）とディスカッション（討論）という2つの技術を身につけなければなりません。

まず、会議の前半では、1つの主題について、さまざまな角度から、意味を共有するために拡散型の会話を行います。これがダイアローグ（対話）です。その会議の目的やテーマ、またそこで話される事項や言葉の意味の共有をするために、参加者全員がそこに集中して対話します。仮説を提示し、いろいろなことを探求し、みなが学ぶという姿勢で臨みます。部分から全体を理解したり、部分どうしのつながりをみます。そして、それがし尽くされたと感じたら、今度は1つの議題について、その解答を求めるために収束型の会話を行います。これがディスカッション（討論）です。決定が目的ですから、１つの意味に同意を得たり、仮説を正当化し、主張したり、説得します。問題を部分に分割し、部分間の違いをみたりして、どちらがよいか判断していきます。

○商談では、まったく話さない人は要注意。必ず対話の中に入れよう

ミーティングや商談で同席した人が何も話さないことがあります。これは、営業マンにとってはとても危険な状態です。その人はダイアローグ（対話）の中に入っていない、つまり意味の共有がしっかりされておらず、疑問や不賛成の意見を持ちつつその場を終える可能性があるからです。そうなると、いったん話をした人との間である結論に至っても、商談が終わってから、「実は私はあの結論には反対です」などと、あなたがいないところで結論がくつがえることが起こりうるのです。社内のミーティングなら、話さない人が悪いという論理も成り立ちますが、商談ならそうはいきません。あなたは、その商談の営業マン兼ファシリテーターという意気込みで、まず全員参加のダイアローグ（対話）を仕掛け、全員が意味を共有できたという確信を持って、ディスカッション（討論）、結論に進んでいきます。言葉を換えていうなら、意味共有の段階で参加者全員にしゃべってもらう、意思決定の段階では合意の確認をとるということです。商談をまとめる、まとめないのもあなたの力量次第なのです。

84

想定外にもあわてない

意表を突く質問をされるのはどうしてか知っていますか

○悪意の質問には、まず落ち着く

相手が意表を突く質問をしてくるのは、すでに答えを用意し、その答えに沿うような回答をしてほしいためということが多くあります。それが善意の場合であればうれしいのですが、悪意であれば大変です。そのときあわてて答えたことが、既成事実として成立してしまいます。あなたが慎重に条件をつけて話したとしても、それはカットされ、相手にとって必要な言葉だけが事実として成立することだってあるのです。昔、競合を推している担当者が「これ以上の条件交渉はできないのですね」と質問してきました。それまで、さんざん値引き交渉に応えてきた私は、条件交渉＝値引き交渉と思い、「もうこれ以上はできません」と答えました。結局その商談は、競合に持っていかれたのですが、後でその担当者の上司から、稟議書に納期・支払い条件など条件交渉一切不可とあったので競合にしたという理由を教えてもらいました。そんなことはいってないと申し開きしましたが、すでに後の祭りでした。このような悪意に対応するには、2つの方法があります。1つは、その質問の意図を慎重に確認することです。「これ以上の条件交渉とはどんな意味でしょう？」と聞く余裕があれば、悪意のある質問はかわせたはずです。

○質問が出るタイミングで1つのキーメッセージを準備する

もう1つは、あらかじめ答えることを決めておくことです。それを質問に対するキーメッセージといいます。まず、あなたの方針が必要です。それから、相手が直面する課題に触れます。そしてそれを解決する策を提示します。最後に、あなたがやるべきこと、つまり約束を話します。例えば、どんな突拍子もない質問がきても、まず、「私は、貴社と何としてもおつき合いしたいと思っています」「それには担当者様の納得が一番大事です」「担当者様が納得されるまで、条件についてはうかがいます」「それができるかできないかは、上司に確認して1日以内にお答えします」と用意したキーメッセージで答え、今回の場合は、「条件交渉とはどんなことをいっておられるのでしょうか」と返すのです。そうすれば、どんな想定外の質問にも、少しばかり余裕を持って対応することが可能となります。顧客や社内で重要な案件を通す場合のプレゼンテーションの場などでは、その場に必ず一人や二人反対者がいるものです。そんなときも、あわてずこの方法を用いて乗り切ってください。

85 プレゼンを成功させる プレゼンテーションの究極の目的は何ですか

○成功の手順を覚えよう

プレゼンテーションの究極の目的は、そのプレゼンに参加してくれた人全員が、あなたの意図通り納得して、それぞれの役割に基づいて動いてくれることです。ですから、プレゼンの成功とは、趣旨の説明、参加者の合意、参加者の役割設定が、あなたの意図通りになされることを意味します。では、その成功に向けて、プレゼンの順番を理解しましょう。

まず、自身の本日のプレゼンの目的を明らかにし、話す順序、展開ストーリーを決めます。それから、最後に誰にどんな役割を担ってもらうかなど、あらかじめ終わり方を決めておきましょう。次にラポールといって、相手の緊張感を解き、前向きに話し合える状態を作り上げるために、相手との共通点や相手に思いやりのある言葉を投げかける行為をわざと挟みます。そのうえで、「今日は、この件について話をしますがよろしいでしょうか」と課題を再度共有して何について話し合うのかを確認します。本題に入るのはそれからです。用意してきた答え（結論と根拠、背景・方法）を、参加者の理解を確認しながら話します。想定した質問や予想外の質問にも答え、合意を得て進めていきます。

○成功させるために準備と練習は不可欠

質問が出尽くした段階で、「では、この方向でやりたいと思いますがよろしいですね」と確認をすると同時に、用意してきた役割分担を話します。「Aさんは、この条件の確認をお願いします」「Bさんはこの件に詳しいので、稟議書に添える資料の準備をお願いできますか」「Cさんは、立場上Bさんのサポートをお願いいたします」というように、それぞれに敬意を示しながら、具体的な行動を割り振っていくのです。プレゼンはこれができた時点で完了となります。

ただ、プレゼンを首尾よく最後まで終わらせることができるかどうかは、条件があります。あなたが緊張せず、準備し練習したことを落ち着いて堂々と話し、相手に受け入れてもらわなければなりません。緊張というのは、自分を実力以上によく見せようという気持ちから起こります。緊張しないことはできないかもしれませんが、それを減らす手立ては、準備と練習を繰り返すことしかありません。出たとこ勝負ができるようになるには、相当な場数を踏んでからと、練習を繰り返しましょう。

チェックポイント

あなたの言葉で、言語化(概念化)してみましょう。それを、もう一度本文を読みながら内省しましょう。そうすることで、力がつきます。もう一段、実力が上がります。

- ☑あなたにとってコミュニケーションとは何ですか
- ☑あなたがコミュニケーションするとき、その目的、またその相手の特徴は明確になっていますか
- ☑あなたはコミュニケーションするとき、どのようにしてメッセージを作りますか
- ☑あなたはコミュニケーションするとき、どのようにして伝えるタイミングをはかりますか
- ☑あなたがコミュニケーションする手段には、どのような選択肢がありますか
- ☑あなたがコミュニケーションする相手とは、どんな関係性ですか。意識していますか
- ☑あなたは顧客からの好印象をどのように作ろうとしていますか
- ☑あなたの話はわかりやすいといわれますか。論理的に話せていますか
- ☑あなたはストーリーで話す利点を人に説明できますか
- ☑あなたは、会議や商談がまとまるか、まとまらないかの分岐点を説明できますか
- ☑あなたは意表を突く質問をされたら、どのようにして回避していますか
- ☑あなたのプレゼンテーション成功の秘訣は何ですか

第9章

[モチベーションと行動の徹底]

実行し、やり続ける

86 モチベーションの源泉 あなたのやる気はどこから出てくるのですか

○あなたは、何をなしとげたときに喜びを感じますか

やる気があるときとないときでは、仕事のパフォーマンスが大きく違います。厳しい競争の中で戦う営業マンであるあなたは、できる限りやる気が継続するといいなと思っているはずです。では、やる気とは何でしょうか。やる気とは、あなたがなしとげたい目標に向かって、気持ちが高ぶることをいいます。ですから、あなたのやる気がどこからくるのかを知るには、まずあなたがなしとげたい目標が何か、言葉を換えると、何をするときにあなたは魅力的と感じるかを知らなければなりません。

競争に勝つことがうれしいと思う人もいれば、人に認められることがうれしいと感じる人もいます。また他人は関係なく、自分自身の人間性が高まったり技術に習熟していくことに喜びを感じる人もいるでしょう。本来、人はそれぞれ魅力に感じることが違います。営業なら誰もが成績が上がり、出世することが目標だなんて思っている上司がいたら、その人は大間違いです。私自身、成績を上げることよりも、自分の営業知識や技術が向上していくことに強い喜びを感じていました。営業の合間には、営業本や心理学の本を読み漁り、それをまとめ、次の営業に活かしていたのです。

○そこに到達する手順を知る努力を怠るな

何を獲得したら最もやる気が出るかがわかったら、それを得るための手順を知りましょう。それがわからないと、目標が大きければ大きいほど、獲得する前にあきらめてしまいます。目標に届かないことが続くと、自分自身で悪い解釈をして、できないことを正当化してしまうのです。悪い解釈とは、目標が高すぎた、自分の能力ではできるわけがないなど獲得したいことを根本から否定することです。そうなるとたんに無気力になってしまうのが人間なのです。やっかいなことにその無気力は学習されます。そして、やる気の出ない状態が続くと、周りにいい影響を及ぼしません。だんだん職場での居場所も狭くなってしまいます。ですから何としても、それを得る手順を知って獲得することが大事です。自分でわからなければ人に聞く、情報サイトにあたる、本を読む等々、手段はいろいろあるはずです。やる気こそいいパフォーマンスにつながることを知っているあなたは、達成したときに得られる喜びとそこに到達することの手順を自ら知る努力を怠ってはいけません。

87 やる気の持続 あなたのやる気を持続する方法は何ですか

○やる気の出る環境を選び、結果の解釈をよくする

なしとげたときの喜びがわかり、その手順を知って、やる気が湧きあがってきたら、それを長く継続させるにはどうしたらいいでしょうか。まず、自分の身をやる気の出る環境に置くことを考えましょう。競争し、それに勝つことでやる気の出る人は、よきライバルに恵まれることが必要です。また、認められることでやる気の出る人は、よき理解者が側にいてくれると心強いはずです。自分が習熟していくことに喜びを感じる人は、よき教師やいい本に沢山出会える環境に身を置くべきなのです。

そして、何か行動し、少しでも結果が出たら、それをどう解釈するかが次に大事になります。悪く解釈すると無気力になることは、すでに述べました。やる気のためのよい解釈の仕方とは、結果がポジティブなときは、自分自身の要因、努力やがんばりの結果と考えて自信につなげ、ネガティブなときは、外的要因、運や環境のせいにして、自分を防衛します。自身のやる気を維持するのに、「自分のせいじゃない」とすることは悪いことではありません。起こった結果は変え

ることはできなくても、それをどう解釈するかで、次のやる気は大きく変わるものなのです。

○自分の成功は自分でコントロールする

とはいえ、自分の成功は自分でコントロールしているという意識を持つことも大切です。自分なりの成功確率を上げるには、成功・不成功の原因は自分の中にあると思って、自己研鑽し、その実力を上げなければなりません。例えば、予想外にポジティブな結果が出た場合、浮かれてばかりいないで、その原因をしっかり分析し、また同じことが起こったときに、その成功が予測できるように手順を自分の知識にすることをおすすめします。予想外の悪い結果のときも同じです。いったん他責にして心を落ち着けることも必要かもしれませんが、自分の能力が低いとか課題が高すぎたなどと思わず、結果には何か自分に関わる原因があるに違いない、うまくやれば今度はできるはずだと思い、原因を分析します。そう考えられると、どんな結果が出ても、感情をコントロールしながら、自分の実力アップにつなげることができます。そのことで到達までの手順を確率よく知ることになり、またやる気が湧いてくるのです。結果は次の期待に変えなければなりません。

88

やる気を行動に変える

あなたの行動力はどこから生まれてくるか知っていますか

○行動は衝動ではない。目的を伴う理性的な動きだ

行動は、結果を感情に変えるところからスタートします。ここでいう行動とは、衝動ではありません。生理的な興奮を抑えきれずに体を動かすのではなく、目的を伴って理性的に動くことをいいます。では、理性的に動くとはどういうことかみていきます。まず、自らが関わったことに何らかの結果が出ます。その結果はどうして出たのだろうかと原因を分析していきます。分析の過程で、次にどうなるのだろうという期待を含めた生理的な興奮が出てきます。ここまでは衝動前の過程と同じです。しかし、その興奮を抑えるためにすぐに体を動かすのではなく、その興奮を分類し、いったん知識化します。「こういうときはこうする」とパターン化するわけです。つまり、その興奮に感情を表すラベルを貼っていくのです。それが、あなたの感情を言葉にしたものの正体です。自尊、怒り、感謝、驚き、口惜しさ、後悔、絶望、これらは、みなあなたの興奮を分類して、感情というものに転換したものです。そして、人はその感情が表すものを認識し、

それを自分のできることに当てはめた動きを始めようとします。それこそが目的を伴った理性的な動き、行動なのです。

○行動と感情は密接に関係している。行動力があるとは感情が豊かだということ

ですから、行動力があるというのは、動いた結果を考える過程で自分で処理できる範囲の高い生理的興奮を創り出し、それを今までの経験から周到に知識化し、記憶としてとどめ、再現しやすいような感情を表すラベルを上手に貼って合理的にコントロールしつつ、次に何か手がかりになるような刺激があれば、すぐに体が反応するように自らを仕込んでいる、習慣づけているということになります。まとめていいますと、行動力のある人とは、衝動的に動くのではなく、強い感情を考えながら整理し、それを満たすために意識的に動く人をいいます。もうおわかりのように、その人の行動力は、その人の感情を表現する言葉によって作り出されます。前項で説明したように、結果は次の期待に変えなければなりませんが、それだけだと忘れてしまいます。できる営業マンは、期待を、感情を表す言葉に変えることにより、思い出す機会を増やすと同時に、忘却を防ぎ、自らの行動量に転換します。表に出すか出さないかは別にして、彼らは感情豊かな生き物なのです。

89 場づくりモチベーション
あなたが人のやる気を奪っていませんか

○人は、自分は信用されていると思わせることでやる気に火がつく

やる気のある人が周りにいると、自分もやる気が出てきます。一方で、やる気のない人の側にいると、何となくやる気がそがれていきます。でも、自分の上司がやる気満々で目的への達成意欲が高すぎると、何となくやる気がなくなる、つまり嫌になってしまう。やる気がなく目標達成は部下に頼りきっている上司の場合でも、不思議とこの人のためにやってあげたいとやる気が出てくることもあります。このように、人のやる気は他人のやる気に微妙に影響を受けます。

自分がやる気がなくて他人のやる気を奪う人は論外ですが、やっかいなのが、自分はやる気はあるのに、そのやる気が周りのやる気を奪ってしまう人です。それは、たぶん自分自身の努力が自信となり、周りの人が頼りなく見えてしまうことにより、言動が微妙に相手をさげすんだものになり、信用していないと感じさせてしまう。その不信感が、人のやる気を奪うのだと思います。人は信じられるとやる気を出し、信じられないとやる気をなくします。もし、あなたが周りのやる気を引き出し、より大きな成果を得ようと思うならば、人を信じ、それを感じさせねばなりません。

○自分の不安を人に押しつける言葉は励ましではない

信用されていると思う言葉と、信用されていないと思う言葉には、どんな違いがあるでしょうか。皆さんも子供のころに、親から、「宿題したの？」「忘れ物してない？」「しっかりしなさい」などとしつこくいわれるとやる気が何となく失せた経験をお持ちでしょう。なぜやる気が失せたかというと、親の心配、つまり不安を子供に押しつけているだけの言葉だったからです。不安を押しつけられること＝信用されていないと感じ、それがあなたのやる気に影響を及ぼしたのです。

逆に、「あなたならきっとできるはずだわ」「あなたなら絶対大丈夫よ」「私はあなたのことを信じているわ」といわれたときはどうでしょう。根拠はなくても、何となく自分に自信がつき、やる気が出てきたのではないでしょうか。つまり人は、信用される言葉、もっというと自分が役に立っているという自信と、それによって自分で決めていいんだという安心感を与えてくれる言葉でやる気を高めるものなのです。やる気のある組織は、互いに人を信用する言葉を発する習慣を作ることで、出来上がります。

90

やる気のある組織

人に教えることは、あなたが育つということを理解していますか

○人に教える大変さを理解することで自分の成長につなげよう

自分を急速に成長させる近道は、人に教えることです。「え！　自分がせっかく身につけたノウハウを人に教えたら、差が広がるどころか縮まるじゃないか」と思われる人もいるかもしれません。ただ、人に理解させて行動にまでつなげるという行為がどんなに大変か想像してみてください。人にものを教えようと思ったら、あなたの多少あやふやな知識を論理立てて話せるようにし、どんな質問がきても答えられるよう、細部まであなた自身が理解することが必要でしょう。また、その過程で、その知識に関連することにも興味が湧き、新しい知識を得る意欲も生まれてくるかもしれません。

実際教えてみると、いろいろな局面での人の悩みや苦しみを知り、その解決策を一緒に模索することで、あなたがあなただけで経験する以上のことを身につけることができます。あなたより能力の高い人や、できない人の気持ちも理解できるでしょう。加えて、あなたが教えるためにま

とめた知識は、組織のこの部分に役に立っているという意識が生まれ、自分は組織を動かす一員であるという自覚も作ります。その自覚は、自身の今後のやる気にもつながります。

○人に機会を与え、やりきらせるまで寄り添ってこそ自身の成長は加速する

人が育つということは、機会を得て、何かをものにするという行為から生まれます。まず、自分の実力より少し上、つまりそれをこなせば今までできなかったことができるようになる機会を得る必要があります。そのうえで、それを途中で放棄することなく、やりきってこそ、今までと違う自分、つまり育った自分がそこに存在するようになります。失敗は成功の元といいますが、失敗し続けている間は、どんなにがんばっていても成長したとはいえません。逆に、経験から得る感情に、失望、挫折というラベルを貼ってしまうと得るものはなくなります。

そう考えると、人を教えることには、責任が伴います。よく立場が人を作るといいますが、自分が教える立場になり、人の成長に責任を持つようになれば、必然的にやることが増え、しかもやりきらせる、何が何でも成功させるために、かなり細かいところまで物事を突き詰めて考えて行動するようにならざるを得ません。その行動の変化が、人から見ると成長したということになるのでしょう。教えることは、あなた自身を育てることに役立ちます。

91 実行力をみがく あなたの魅力はどうしたらアップするでしょうか

○自分の魅力を作るには、実行力を身につけよう

自分が相手から魅力的だと思われると、何となくですが、その相手のために何かをやってあげたい、動きたいと思うのが人間です。ですから自分がいつも人から魅力的に思われていることは、自分のやる気を上げるうえで重要なことです。では、人はどうしたら魅力的と思われるのでしょうか。もちろん、容姿やファッションのセンス、ユーモアなども魅力的な要素を作るうえでは重要ですが、ここでは仕事上、誰でも心がけておきたいことを説明します。それは端的にいうと、実行力のある人です。実行力のある人は、一緒に仕事をしていくうえで、とても魅力的に映ります。なぜなら、実行力があるとは、物事を決断し、信念を持って行動できるということだからです。

決断をするには、熟慮された鋭い判断が必要です。信念を貫くほど行動するには、胆力、責任感、勇気、知識、経験、人脈など今まで人として生きてきた実績がものをいいます。どの要素も、ビジネスに必要なものばかりです。それを身につけるには、まず、物事を考える力が必要です。その次に、果敢に動く行動力が必要で、そうして重ねた経験が力となり、その人の実行力を高めるという構図が見えてきます。

○実行力とは、判断力と行動力、そして修正する力

実行力を上げるには、行動する前の判断から変えていきます。まず、何のためにという目的意識をはっきりさせましょう。そして目的意識がはっきりしたら、現状がどうなっているのか（現状分析）、なぜそうなったのか（原因分析）、ではどうすればよいのか（選択肢の列挙）、それをすればどうなるのか（将来予測）を考え、やれること、やるべきこと、やりたいことのバランスをとりつつ今やることの答えを導き出します。この答えが出たら、今度はどういう順番でそれをするのか5W3Hに当てはめながらやることを具体的にしていきます。それから、その手順にしたがって動きます。

もし、うまくいかなかったとしても、目的に到達するように、何度もやり方を工夫し、順番を修正しながら、粘り強く動き続けます。大事なことは、失敗してもいいから計画に沿って思い切りやってみることです。手加減してしまうと、その計画が正しいのか間違っているのか判断が難しくなり、正しい修正ができません。この工程を何度も繰り返す。そうしているうちに実行力はついていきます。

92 諸事凡事徹底 自分の当たり前は人の当たり前ではないことがわかっていますか

○人に動いてもらおうと思ったら背景から正確に伝えることが大事

ちゃんと伝えたはずなのに、相手にまったく伝わっていないということがよくあります。自分の当たり前は、人の当たり前ではないにもかかわらず、伝えたいことの背景や文脈（その結論に至った流れ）を詳しく話さなかったので、相手が違う解釈をしてしまったということが多いようです。もちろん相手に聞く意志がなく、話を上の空で聞いていたということもあるかもしれませんが、多くは、この背景や文脈まで詳しく伝えなかったことが主な理由でしょう。しっかり理解する、しないでは、その後のやる気にも大きく影響します。あなたが、もし人を動かしたくて、やってほしいことを正確に伝えたいならば、そのやってほしいことだけでなく、背景や文脈まできちんと伝えましょう。人は結論の根拠や背景がずれると微妙に違う解釈をし、その解釈を正当化して強化しつつ行動をするという生き物です。ですから、物事をしっかりやろうという人ほど、ずれ出したら止まりません。誤解が後味の悪いものにならないように、最初に注意を払うべきなのです。特に、背景に重要なことが隠れている場合は、重要事項を共有したという親密度が増し、伝えたこと以上にあなたの意志を汲んでくれるようになります。

○目的意識の共有はさらに動きを加速させる

相手にきちんと伝えるには、なぜそれをやるのかという目的も伝えなければなりません。何のためにやるのかを理解し、それに共感できなければ、やる動機が生まれないのは必然のことです。また、背景や文脈と同様、違う解釈をして行動してしまうことにもつながりかねません。組織における諸事凡事の徹底とは、ただ単に繰り返し行動をさせるということではなく、その行動の目的と背景や文脈を正確に理解させ、そのうえで行動にずれがないようにするということなのです。行動に意識も合わせていくということです。

自分の当たり前は、人の当たり前ではないということを常に意識し、何度もしつこいくらいに目的や背景、文脈を説明する機会や時間を作りましょう。その方が結局は、お互いにモチベーション高く、無駄なく行動できることになります。あわせて、相手の性格や実力を見極めたうえで、具体的なメッセージを作るという努力にも徹底して取り組みましょう。チームで動く、組織で動くとは、それが当たり前になって結実します。

93 実行の徹底

徹底させる技術とは何かを知っていますか

○相手に考えさせないと徹底ではなく柔軟性をなくすだけになる

では、物事を徹底させる技術とは、しつこくいうこと以外に何かご存じでしょうか。それは、やってほしいことを具体化（基準化し）、それを自分ごとにさせることです。まず、やってほしいことをなるべく具体的数値で示します。部下指導では、「訪問件数を多くしよう」というより、「1日3件は必ず訪問しよう」というようにです。他部門に依頼するときも、「なるべく早く仕上げてください」ではなく、「○日の午前中にお願いします」です。ただ、ここで、できた・できないの結果だけを強く管理し、それに強く干渉してしまうと、相手は自分で考えることをやめてしまいます。不測のことに対応できなくなるともいえます。

例えば、とても見込みのある商談が舞い込み、その日にたっぷり時間をかけねばならないのに、途中で切り上げ、1日3件の目標のために次の商談に向かってしまうということが起きてしまいます。そうならないように、1日2件しか行けなければ、目標とのギャップをどうすれば埋められるかを自分で考えさせます。そして、その反省に関心を寄せます。お互いが納得するまで話し合うべきは、ここにあります。この相手に考えさせることこそが、物事の徹底には欠かせません。

○そこまでやるかのフォローが徹底を生んでいく

さらに、徹底を強化するには、相手が考えたことができるようになるまで、フォローすることが必要です。相手にお願いすることの主体は自分だ、相手ができないのは自分のせいだと思い、相手ができるようになるまで寄り添います。例えば、1日3件の訪問件数が達成できない反省として、リストアップの数に問題があるというのであれば、そのリストアップの方法をどうすればうまくいくか、何件必要なのか、自分ごとのように考えます。他部門が納期を守れなければ、自分がその部門の一員になったようにして、やっていることの詳細をつかみにいきます。そうすることで、相手に、そこまでやらないといけないのだという基準値を知ってもらうのです。

それこそが物事を徹底するという技術です。徹底する技術とは、相手にどこまでやるべきなのかを理解させ、それを自分ごととしてしっかりつかんでもらうことにほかなりません。間違っても、がみがみできないことをどなりあげる、相手に恐怖を与えてそれによってしたがわせるなどの行動をとらないようにしてください。萎縮は徹底の敵です。

94 思いをみがく 徹底すると「思い」がみがかれるのは本当でしょうか

○自分の哲学を持とう

「思い」をみがくとは、そのときの自分の理想を、いろいろな経験をして何度も振り返り、確信を得ながら昇華させていくことによって、自分の哲学を作り上げるということです。物事を徹底するさまは、大いにそれにつながります。物事を徹底するとは、思いつきでそれをがむしゃらにやり続けるということではありません。地に足をつけて、周りの細かいところまで気を配りながら、皆が一貫性を認めてくれるほどにやり抜くということです。つまり、自分自身のわがままや自分自身の思いをとげるためにする行為ではなく、周りとの軋轢や葛藤を克服しながら、みんなに認められながら進む行為なのです。

まず、地に足をつける時点で、かなりの知識の習得がいります。さらに、周りの細かいところまで気を配るということは、葛藤を抱えつつも決断し、しかもいい方向へ導くという決断力、行動力が必要です。さらに、それを一貫性があると認めてくれるまでやり抜くことは、忍耐力、自制心など、心に関わる重要な要素が人より優れていなければなりません。この一連の行為が自信となり、確信を得た哲学へと変わっていくのです。徹底は、「思い」をみがき、自分の哲学を持つことにつながります。

○哲学は本物の柔軟性を生む

自分の哲学が本物になってくると、より柔軟な考え方ができるようになります。自分の芯がぶれないから、より相手に合わせることができるようになるというわけです。営業の過程で、自分が行きついた哲学が、「先義後利」だとしても、会社がつぶれそうな状態のときに、顧客にお願いに行って少しだけ助けてもらうという行為を絶対してはいけないかというと、哲学を持っている人なら、迷いなくお願いに行き、後になって倍くらいその顧客のために尽くすはずです。それこそが臨機応変な対応といえるでしょう。値引きは絶対しないと決めたとしても、値引きをすることで、このスーパー（他店がやりだすほどの影響力を持つ）１社を顧客にできるという局面で、その値引きが販促費と考えられないとすれば、中堅・中小企業の営業リーダーは務まらないでしょう。中堅・中小企業は、大手企業の下で、自分の「思い」を通さないのが哲学といわれるくらい力学に敏感でなければ生きてはいけません。このように考えられるのも、一度でも徹底することでみがいた自分の芯、哲学があるからです。

チェックポイント

あなたの言葉で、言語化(概念化)してみましょう。それを、もう一度本文を読みながら内省しましょう。そうすることで、力がつきます。もう一段、実力が上がります。

☑あなたのやる気の正体は何でしょう。何をしているときが最もやる気が出ますか

☑あなたのそのやる気は、どうやって継続させていますか

☑あなたは行動と衝動の違いを理解していますか。それぞれ何でしょう

☑あなたは人をやる気にさせるとき、何をしていますか。何に気をつけていますか

☑あなたは人に教えることはなぜ自分を成長させるか知っていますか

☑あなたのビジネス上での魅力は何ですか。それはどのようにしてみがいていますか

☑あなたは人に何かを伝えるとき、目的や背景を正確に伝えていますか

☑あなたは組織に物事を徹底させたいと思ったら何をしますか

☑あなたのビジネスの哲学は何ですか。それはどのように創り上げたのですか

第10章

[さらなる成長に向けて]

新しいステージの目指し方

95 役割を意識する

営業リーダーの役割は何かわかっていますか

○あなたはリーダーになれるだけの準備をしているか

あなたは何を習得すれば営業リーダーになれるのでしょうか。営業を志してか、もしくは図らずも営業担当となってしまったかはわかりませんが、せっかく営業部門で専門性をみがいたなら、一度はそれを活かしてリーダーとして活躍してほしいものです。私のいうリーダーとは、一般にいわれている営業管理職とは少し概念が違います。営業管理職は、営業マンの行動を管理し、割り振られた業績を確保するのが役割ですが、営業リーダーの役割はそれにとどまりません。多くの部下を持つことにより複雑な問題に対処していくマネジメント、時代や環境の変化に合わせて皆を導いていくリーダーシップ、物事の核心を教え人を育てる人材育成、この3つを、PDCAサイクルを回しながら遂行します。

PDCAサイクルの回し方も特別です。まず、会社の中で営業機能がちゃんと果たせているかどうか、業績数字やそれを作っている営業マンの行動を把握し、どんな活動をすれば最もパフォーマンスが上がるかを推定します。そのうえで、営業マンが動きやすい環境を考え整えます。実行段階では、リーディングやコーチングを施し、掲げた目標に到達するよう徹底していきます。

○営業リーダーは自組織を強くすることを最大の旨とする

営業リーダーのミッション（使命）は、目標達成と自組織のパフォーマンスを最大化することと、経営方針を日々の活動に柔軟に反映していくことです。これはミッションですから、何が何でも最大限やりきるという心構えが必要です。もちろん目標に関しては、引き受ける前に皆が納得できるよう十分な話し合いを持つのもリーダーの役割です。そして、あなたが、その組織の最小単位のリーダーであった場合、その組織をハガネのように強くすることがあなたの最も目指すべきこととなります。

みんなが目標の意味を理解し、自分のやるべきこと、貢献すべきことをわかっていて、なおかつ、助け合える組織は強いです。どれだけものわかりがよく、優しいリーダーでも、組織を強くできないリーダーは役割を果たしているとはいえません。もし、あなたがさらに昇進し、より上位のリーダーになるときは、それまでと同じことをしていてはいけません。今度は、自組織の外に目を向けて、外部リソースを柔軟に持ってくることや、会社内の各組織の連携など、自分の下のリーダーができないことに目を向けねばなりません。

96 成長の方程式 あなたは最近、少しでも成長したといえますか

○成長は、できなかったことができるようになること、つまり実力が上がること

成長は方程式で表せます。それは、「機会を得る×結果を出す」です。まず、自分の実力よりも少し上の機会を得なければなりません。この機会は、転勤や配置換え、また昇進や新しいプロジェクトや顧客を任されるなど、人から与えられることもあります。でも、あなたが本当に成長したいと思うならば、自分が今まで以上にがんばらなければ力を発揮することができない機会を自ら求めなければなりません。特に若いうちは、その機会が多ければ多いほど成長するスピードが速くなります。人との差を開げることにもつながるでしょう。

そして、その機会を得たなら、何が何でも結果を出して、自分の実力がその機会につり合うほど伸びたのだという確信を得ることが大事です。結果も出ていないのによくがんばったという人がいますが、それを次の機会を得たときのモチベーションにしているならＯＫです。そうでないなら、ただ単に自分を甘やかして、成長をあきらめてしまっただけのように聞こえます。結果の出ていない努力は努力とはいわない、まだ努力が足らないから結果が出ていないのだと認識する

ことが自分の成長につながります。

○成長実感を持って、次に進む自信としよう

この方程式に当てはめると、あなたは最近成長したといえるでしょうか。まず、自分の実力以上の目標や機会を自ら求めたでしょうか。そんなことをしたら評価が悪くなる、評価が悪くなったら次の機会を得られないと反論する人もいるかもしれません。ただ、営業においては、達成率のほかに、絶対額や件数、CS（顧客満足）やNPS指数（顧客ロイヤルティを測る指数）などが明らかにされ、がんばっているなら、どこから見てもわかるように工夫している企業が多くなっています。それでも気になるなら、自らルールを変える努力もしてみましょう。

そして、結果を出すためには、営業知識の増幅とモチベーションの維持が欠かせません。積極的に動くこととその振り返り（38頁参照）を習慣化し、できるだけ速いスピードでしっかり回します。それと同時に、自分がやりたいこと、やるべきことなど「思い」や「あり方」を明確にしながら、どうしたらそれができるようになるのかに思いを馳せ、人から指示される前に自律しながら動き、やる気を持続させます。そして何が何でも結果にこだわり、成長を実感してください。

97 機会を得るには あなたを最も成長させるものは何でしょうか

○とにかく動くことが成長の決め手だ

営業が天職だと最初から思っている人は珍しいと思います。他の職種でも最初から自分のゴールを決め計画的にキャリアを形成している人は一握りでしょう。偶発的な機会を活かして、キャリアを拓いていくことが重要だといったのは、クランボルツという有名な学者ですが、機会を得るということは、まさに彼がいういろいろと動いてみるということにほかなりません。いろいろと動いてみるという意味は、予期せぬ出来事を目の前にこさせるという意味です。そして、それを自分の課題ととらえ、課題解決に向けて、新たな行動をとるということなのです。

偶然訪問した顧客が、思わぬ商談や紹介をくれることもあります。社外活動の機会や転職の動機になることもあるでしょう。以前お話しした「こういうことはこうあるべきじゃないかな?」という問いかけを持って出会うことで、同じ「思い」を持つ仲間ができたり、自分の視野が広がります。そうすることで、自分の目の前の商談をものにすることや役割を果すことの知識や打ち手が増え、結果を出しやすくするのです。そして、結果が出ると、営業が面白くなり、営業こそがあなたの天職だ、適職だと思えるようになっていきます。

○いい出会いがあなたを大人にしていく

成長は機会を得て結果を出すということを考えると、出会いがどれだけ大切なものかがわかるでしょう。もちろん、目の前の課題に対して、いかに粘り強くやり抜くということも大事ですが、そのやり抜くということに、出会いによって仲間を得ることや自分の視野を広げることが大いに手助けになるのです。人は人を観て真似ることで学びます。言葉を覚えること、自分の考え方を身につけること、それらはみな他者を観て真似て、自分の中に取り込むことで身につきます。

自分の中の一貫した考え方、哲学のようなものは、いろいろな人の価値観や考え方に触れ、共感したり、反発したりして、合う合わないを取捨選択することで、身についていきます。成長とは、できないことができるようになることですが、それだけではありません。自分の考えが明確になり一貫性を持つことや、他者の考え方を排除するのではなく、受け入れ、統合できるようになることも成長です。大人になるということです。あなた自身を大きく成長させようと思うなら、よい出会いを求めて、動いてみることです。

98 アンラーニング 学び直すのは何のためでしょう

○かつて学んだ知識は古くなっていないか

アンラーニングとは、いったん学んだ知識や既存の価値観が、今の時代に本当に正しいのか、通用するのかともう一度問い直すことです。そして時代に合わなくなったものや古くなったものを意識的に捨てて、新たに学び直すことをいいます。会社では、若手の間は、何とか早く戦力になってほしいので、先輩や上司が手取り足取り教えてくれることもあります。しかし、いったん一人前になれば、それからの学びは、本人任せになることが多いです。現代のような急激な変化や想定外のことに対応しなければならないビジネスの状況では、若手のときからＯＪＴで積み上げてきた知識が、突然時代遅れになってしまうことが珍しくありません。

営業においても、「飛び込みセールス」「アポ取りの手法」「接待の仕方」など、以前は必ず身につけておかねばならなかった技術がさほど重要でなくなり、「インターネットを使った情報収集」「オートメーションマーケティングによるリスト化」「多様な表現によるプレゼンテーション技法」などＩＴ技術を使った手法が必須事項になりつつあります。過去の成功体験が、自分の行動パターンを規定してしまい、打ち手の古さに気づかないこともしばしばです。

○顧客のためにならない古い技法は捨てねばならない

特定のやり方を熟練させることのみに固執するのではなく、いったん身につけた思考方式や行動パターンを解きほぐし、常に新しい技法や考え方を取り入れることが営業にも必要です。学びとは、変わり続けることであるという本来の意味を考えなければなりません。常に学び直すことこそが環境に適応するには必要なのです。もちろん、営業知識を知恵に変え、ベストな行動ができるようになるためには、反復練習が必要です。しかし、その血みどろの努力で身につけた技術さえ、今の時代や環境に適しているだろうか、効果的なのだろうかと常に省みることが必要なのです。そして、それが合わないとわかったならば、思い切って捨て、新しい技法の修得に力を注がねばなりません。そこには、何度もいいますが、仕事の効率だけに目を向けるべきではなく、顧客のためになっているか、仕事の生産性を上げることにつながるかという視点が必要です。営業の仕事というのは、顧客が共感し、顧客がやろうと意思決定してくれない限り、成果は出ません。顧客のため、学び直しましょう。

99 ダイバーシティ ダイバーシティの本当の意味を知っていますか

○違う視点を活かすことで新しい価値を生む

世の中で騒がれているダイバーシティの本当の意味を知っていますか。それは、男性社会に女性をもっと組み込むべきだという一面的なことだけではありません。ダイバーシティとは、この変化の大きい時代に、多様な人材を積極的に活用し、それぞれの持ち味で全体の生産性を上げていこうという考え方をいいます。ですから、性別の違いに限らず、人種、年齢、学歴、生活や価値観など、まったく違う人たちを仕事にどう活かしていくかを考えるということなのです。営業もしかりで、顧客価値創造やマーケティング活動はもちろんのこと、売買行為に関しても、いろいろな視点の活用が必要です。

例えば、アイスクリームを売るのに、男性の視点からみると、夏の暑さを癒やしてくれる氷菓という見方が、女性が加わると季節は関係なく、食事を彩るデザートや脳内活性（一休み）のためのおやつという見方になりますし、子供や老人の観点では、病気や疲労時のカロリー補給という意味も加わります。そう考えると、顧客価値の作り方やマーケティングの手法も変わりますし、売り方のバリエーションも増えます。これからの時代は、いろいろな視点で考え、営業することが重要です。

○自分の時間的制約を利点にできるような考え方が成功に近づく

これは営業の組織づくりにおいても同じです。今までのように男性だけによる「24時間戦えますか」の営業のイメージは早く払拭しなければなりません。実際、私がリクルートで最も成績をあげていたときは、子供を毎日保育園に送っていっていたときでした。一度出社し、時間が来ると保育園に送るために家に戻り、またその後仕事に戻るという生活です。家族のためにというモチベーションが生まれましたし、だらだらとしていた仕事に無駄がなくなりました。また、この経験は、後に女子だけの営業フォロー部隊を創るときに大いに役立ちました。彼女たちは、実力はあっても、時間の制約で力を発揮できないでいたのです。報告さえすれば、直行直帰、在宅勤務もOKとしただけで、見違えるほど生産性が上がりました。今や、自分が何らかの制約を受けている少数派であるということは営業上言い訳になりません。自分が置かれている環境から得られる視点を、どう営業に活かすかを考えるべきです。特に時間をコントロールすることは、自律的営業マンになるための条件です。

100 人間力のみがき方

そもそも人間は何のために生まれてきたのでしょう

○あなたの人間力は顧客を共感させられるか

そもそも人間というものは、人との関係性の中で生まれ育ちます。その関係性の中で、多くの恩恵を受けます。毎日食べている食事も、多くの人が関わって作られています。だからこそ、その関係性に少しでも貢献し返すというのが、人が人間として生まれてくる意味と私は考えます。簡単な言葉でいうと「世のため、人のため」ということでしょうか。それを営業に置き換えてみますと、あなたが営業マンとしての習熟を目指そうと思ったなら、多くのことを教えてくれて、あなたを人として成長させてくれる顧客に、貢献し返すことが、あなたの仕事の目的、何のために営業をやっているのかの答えとなるでしょう。

その入口は、顧客からの、あなたの生き方、営業の仕方への共感です。これがないと、顧客があなたから買う意味がありません。あなただから買う、買う気になった。そこから始まり、最後には、買ってよかったと思われる。それこそが、顧客に貢献したということになります。では、顧客の共感を得るには、どうすればよいでしょうか。それは、あなたの人間力をみがくことです。この人ならその気になるという、人間的魅力が高まらなければ共感は生まれません。

○研鑽の先に道が開ける

人間力をみがくには、まず、人を納得させられるほど考え、それを伝えられる（しゃべれる）ようにならないといけません。次に、相手がそれを受け入れられるような柔軟性、つまり物事にこだわらない器量を身につける必要があります。そして、最後にあの人ならばという信頼感、見識があり公平無私に考える人間としての一貫性が決め手となります。これを、鍛える順番とし、簡単な言葉で表すと、「思考力↓行動力↓継続力」となり、顧客から見た魅力で表すと「賢い↓大胆（挑戦的）↓信頼できる」となります。知識だけでなく知恵があると思われているあなたは、いろいろな人がやらないような経験をして、その考えにリアリティを与えなければなりません。大胆な考え方ができるようになれば、徹底的に何かをし尽くすことによって、人間としての安心感、厚み、深さを身につけるのです。営業ができるようになるということは、単に営業知識が豊富になることだけではありません。人間性を鍛え、人間力を身につけることこそが、営業をマスターしていく道です。自己研鑽はいつまでも続きます。

チェックポイント

あなたの言葉で、言語化（概念化）してみましょう。それを、もう一度本文を読みながら内省しましょう。そうすることで、力がつきます。もう一段、実力が上がります。

☑あなたは営業リーダーの役割をどのようにとらえていますか

☑あなたは成長の方程式を知っていますか。それに照らし合わせると最近少しでも成長しましたか

☑あなたは最近いい出会いをしましたか。あなたの「思い」に邂逅《かいこう》したかどうかです

☑あなたは一度学んだものでも古くなると捨て、新たに学びを進めていますか

☑あなたは、自分が属している組織の構成員それぞれの個性を活かす方法を知っていますか

☑あなたは人間力向上のためにどんな研鑽を積み重ねていますか

〈A〉 経済・金融

1 経済指標の読み方(上) 日本経済新聞社
2 経済指標の読み方(下) 日本経済新聞社
3 貿易の知識 小峰・村田
5 外国為替の実務 三菱UFJリサーチ&コンサルティング
6 貿易為替用語辞典 東京リサーチインターナショナル
7 外国為替の知識 国際通貨研究所
8 金融用語辞典 深尾光洋
18 リースの知識 宮内義彦
19 株価の見方 日本経済新聞社
21 株式用語辞典 日本経済新聞社
22 債券取引の知識 武内浩二
24 株式公開の知識 加藤・松野
26 EUの知識 藤井良広
32 不動産用語辞典 日本不動産研究所
35 クレジットカードの知識 水上宏明
36 環境経済入門 三橋規宏
40 損害保険の知識 玉村勝彦
42 証券投資理論入門 大村・俊野
44 証券化の知識 大橋和彦
45 入門・貿易実務 椿弘次
49 通貨を読む 滝田洋一
52 石油を読む 藤和彦
56 デイトレード入門 廣重勝彦
58 中国を知る 遊川和郎
59 株に強くなる 投資指標の読み方 日経マネー
60 信託の仕組み 井上聡
61 電子マネーがわかる 岡田仁志
62 株式先物入門 廣重勝彦
64 FX取引入門 廣重・平田
65 資源を読む 柴田明夫・丸紅経済研究所
66 PPPの知識 町田裕彦
68 アメリカを知る 実哲也
69 食料を読む 鈴木・木下
70 ETF投資入門 カン・チュンド
71 レアメタル・レアアースがわかる 西脇文男
72 再生可能エネルギーがわかる 西脇文男
73 デリバティブがわかる 可児・雪上
74 金融リスクマネジメント入門 森平爽一郎
75 クレジットの基本 水上宏明
76 世界紛争地図 日本経済新聞社
77 やさしい株式投資 日本経済新聞社
78 金融入門 日本経済新聞社
79 金利を読む 滝田洋一
80 医療・介護問題を読み解く 池上直己
81 経済を見る3つの目 伊藤元重
82 国際金融の世界 佐久間浩司
83 はじめての海外個人投資 廣重勝彦
84 はじめての投資信託 吉井崇裕
85 フィンテック 柏木亮二
86 はじめての確定拠出年金 田村正之
87 銀行激変を読み解く 廉了
88 仮想通貨とブロックチェーン 木ノ内敏久

〈B〉 経営

11 設備投資計画の立て方 久保田政純
18 ジャスト・イン・タイム生産の実際 平野裕之
25 在庫管理の実際 平野裕之
28 リース取引の実際 森住祐治
33 人事管理入門 今野浩一郎
41 目標管理の手引 金津健治
42 OJTの実際 寺澤弘忠
53 ISO9000の知識 中條武志
61 サプライチェーン経営入門 藤野直明
63 クレーム対応の実際 中森・竹内
67 会社分割の進め方 中村・山田
70 製品開発の知識 延岡健太郎
74 コンプライアンスの知識 髙巖
76 人材マネジメント入門 守島基博
77 チームマネジメント 古川久敬
80 パート・契約・派遣・請負の人材活用 佐藤博樹
82 CSR入門 岡本享二
83 成功するビジネスプラン 伊藤良二

85 はじめてのプロジェクトマネジメント　近藤哲生
86 人事考課の実際　金津健治
87 TQM品質管理入門　山田秀
88 品質管理のための統計手法　永田靖
89 品質管理のためのカイゼン入門　山田秀
91 職務・役割主義の人事　長谷川直紀
92 バランス・スコアカードの知識　吉川武男
93 経営用語辞典　武藤泰明
94 技術マネジメント入門　三澤一文
95 メンタルヘルス入門　島悟
96 会社合併の進め方　玉井裕子
97 購買・調達の実際　上原修
98 中小企業のための事業承継の進め方　松木謙一郎
99 提案営業の進め方　松丘啓司
100 EDIの知識　流通システム開発センター
102 公益法人の基礎知識　熊谷則一
103 環境経営入門　足達英一郎
104 職場のワーク・ライフ・バランス　佐藤・武石
105 企業審査入門　久保田政純
106 ブルー・オーシャン戦略を読む　安部義彦
107 パワーハラスメント　岡田・稲尾
108 スマートグリッドがわかる　本橋恵一
109 BCP〈事業継続計画〉入門　緒方・石丸
110 ビッグデータ・ビジネス　鈴木良介
111 企業戦略を考える　淺羽・須藤
112 職場のメンタルヘルス入門　難波克行
113 組織を強くする人材活用戦略　太田肇
114 ざっくりわかる企業経営のしくみ　遠藤功
115 マネジャーのための人材育成スキル　大久保幸夫
116 会社を強くする人材育成戦略　大久保幸夫
117 女性が活躍する会社　大久保・石原
118 新卒採用の実務　岡崎仁美
119 IRの成功戦略　佐藤淑子
120 これだけは知っておきたいマイナンバーの実務　梅屋真一郎
121 コーポレートガバナンス・コード　堀江貞之
122 IoTまるわかり　三菱総合研究所
123 成果を生む事業計画のつくり方　平井・淺羽
124 AI（人工知能）まるわかり　古明地・長谷
125 「働き方改革」まるわかり　北岡大介

〈C〉会計・税務

1 財務諸表の見方　日本経済新聞社
2 初級簿記の知識　山浦・大倉
4 会計学入門　桜井久勝
12 経営分析の知識　岩本繁
13 Q&A経営分析の実際　川口勉
23 原価計算の知識　加登・山本
41 管理会計入門　加登豊
48 時価・減損会計の知識　中島康晴
49 Q&Aリースの会計・税務　井上雅彦
50 会社経理入門　佐藤裕一
51 企業結合会計の知識　関根愛子
52 退職給付会計の知識　泉本小夜子
53 会計用語辞典　片山・井上
54 内部統制の知識　町田祥弘
56 減価償却がわかる　都・手塚
57 クイズで身につく会社の数字　田中靖浩
58 これだけ財務諸表　小宮一慶

〈D〉法律・法務

2 ビジネス常識としての法律　堀・淵邊
3 部下をもつ人のための人事・労務の法律　安西愈
4 人事の法律常識　安西愈
6 取締役の法律知識　中島茂
11 不動産の法律知識　鎌野邦樹
14 独占禁止法入門　厚谷襄児
20 リスクマネジメントの法律知識　長谷川俊明
22 環境法入門　畠山・大塚・北村

【著者略歴】
北澤 孝太郎（きたざわ・こうたろう）
東京工業大学大学院特任教授　レジェンダ・コーポレーション取締役

1962年京都市生まれ。1985年、神戸大学経営学部卒業後、リクルートに入社。20年にわたり営業の最前線で活躍。2005年、日本テレコム（現ソフトバンク）に転身。執行役員法人営業本部長、音声事業本部長などを歴任。その後、モバイルコンビニ社長、丸善執行役員などを経て、現職。東京工業大学ではMBA科目の「営業戦略・組織」を担当。著書に『営業部はバカなのか』（新潮新書）、『優れた営業リーダーの教科書』（東洋経済新報社）、『人材が育つ営業現場の共通点』（PHP研究所）がある。
ホームページ　http://kotaro-gosodan.com

日経文庫1380
営業力 100本ノック

2017年9月15日　1版1刷
2018年10月18日　　7刷

著　者　北澤孝太郎
発行者　金子　豊
発行所　日本経済新聞出版社
https://www.nikkeibook.com/
東京都千代田区大手町1-3-7　郵便番号100-8066
電話（03）3270-0251（代）

組版　マーリンクレイン
印刷・製本　シナノ印刷

ISBN978-4-532-11380-3